【恋愛】【結婚】【夫婦関係】【仕事と子育て】
が意識を変えると劇的に変わる!

女子の最強幸福論

ビジョン心理学
マスタートレーナー
栗原弘美

BAB JAPAN

はじめに

女性に生まれたということ

あなたは、女性に生まれてきたことをどのように感じていますか？

とてもうれしく思っていますか？

それとも
「女に生まれてきて損だ」

「親をがっかりさせた」

「生理がめんどう」

などと思っていますか？　あるいは、なんとなく「まあ、こんなもんじゃないの？」

というような感じでしょうか？

この本は、あなたが女性としての人生を、喜びいっぱいに生きられるようになるために書きました。

あなたがこの本を読んで、女性として生まれてきたことをとっても幸せだと感じてくだされば、私もうれしいです。

女性は太陽です。

女性はリーダーです。

あなたは、「女性として輝いて生きる」「真実を生きる」と約束して、この世に生まれてきました。

本当ですよ。その約束をどのくらい守っているでしょうか？

太陽のように明るい、あなた自身の姿をイメージしてみてください。

とてもパワフルで軽やかで、生き生きしているのではないでしょうか。

過去や年齢や世間体にとらわれず、100パーセント自由な心を持っていたら、きっとあなたは自分自身を輝かせることができるでしょう。

そして、それがあなたの女性としての本来の姿なのです。

太陽のように輝き、真実を生きて幸せを受け取れるようになるには、「女性性」を取り戻すことが必要です。

「女性性」は、女性だけのものではありません。

男性にも子どもにも、すべての人に本来、備わっている性質です。現代社会ではこの「女性性」が失われ、そのために多くの人が苦しみや生きづらさを感じています。一人一人が社会の閉塞感から解放され、「女性性」を取り戻したら、生きづらさもなくなります。

この本では、多くの女性が悩んでいる恋愛、結婚、夫婦生活、仕事と育児の両立といった問題を、解説とカウンセリングの再現をもとに解決し、幸せへと導きます。

特に、第3章では、出会いから結婚に至るまで、第4章では、結婚してからの、たくさんの女性たちが経験している悩みを、13人のカウンセリングによって取り上げています。

まずは、12頁からの「ある女子会の会話」を読んでみてください。自分と重なっている女性がいれば、カウンセリングでも問題を取り上げているので、その頁から読みはじめてもかまいません。

あなたが女性性を取り戻すと、自信とパワーがみなぎってきます。そして、女性として生まれてきた喜びを体験するようになると、人生が生き生きとして輝きを放ちはじめます。あなた自身がまさに太陽のような存在となり、それまでモノクロに見えていた世界が鮮やかなカラーに変わります。

あなたとあなたの人生が輝くと、まわりにいる人たちや男性たちもうれしくなってきます。あなたの存在が彼らの生きる活力となり、彼らもまた、あなたに喜びと幸せをもたらしてくれるようになるのです。

最高の男性と出会って結婚し、幸せなパートナーシップを築く鍵は、女性である、あなたが持っています。

女性性を取り戻して太陽のあなたを思う存分に表現し、「成熟したハッピーな女性」になりましょう。

目次

第3章

最高のパートナーを見つける極意（カウンセリング例）

第4章

幸せな結婚を続ける極意（カウンセリング例）

第5章

男性に心から愛される秘訣

第6章

女性は世界の花

第1章

女子の人生に立ちはだかる「壁」あれこれ

ある女子会での会話

ここは、とあるカフェレストラン。

月に一度、日曜日のランチに集まる、30歳の４人の女性たちがいます。彼女たちは、高校の同級生。学校を卒業し、別々の進路を歩み、それぞれの生活環境は変化したけれど、変わらず友情を育み、こうして定期的に女子会を開いています。

登場人物

瑞穂　独身・彼なし……いい出会いがない

千枝　独身・彼あり……「本当にこの男でいいの？」と結婚を迷っている

理香　既婚・子どもあり……夫に不倫されてしまった

玲奈　既婚・子どもなし……仕事と育児の両立に自信がなくて、子どもをつくれない

瑞穂「理香、痩せたんじゃない？　顔色もあまり良くない気がするわよ。やっぱり育児はたいへん？」

理香「子育てもだけど、実は夫の不倫が発覚したの……」

千枝「信じられない。子ども、まだ2歳だったわよね？」

理香「玲奈には少し相談していたけど、もう別れようと思っているの。でも、まだ子どもが小さいし、シングルマザーになるのはちょっと怖いのよね。かといって、夫のことは許せないし……」

玲奈「私が同じ立場でも、見すごすのは無理だと思う。不倫がわかったときは、修羅場だったって言っていたわよね」

理香「今は、最初よりはだいぶ落ち着いたわ。でも、こればかりは、どれだけ考えても答えが出なくて。最近は、別れるしか道はないかなって、逆に冷静になってきたけど」

瑞穂「そうなのね……。旦那さん、あんなに理香に惚れていたのにね。男の人って、やっぱり浮気するものなのかしら」

理香「そういう生きものなんだと思う」

瑞穂「だとしたら、私は結婚に夢が持てないわ」

千枝「瑞穂は相変わらず、彼氏はいないの？」

瑞穂「ぜんぜん。家と職場の往復の毎日よ。この女子会が唯一の息抜きになってるかな。たまに料理教室には通っているけどね」

玲奈「料理は、絶対に覚えておいたほうがいいわね。なんだかんだ言って、男の人は料理で釣れるんだから。それに、結婚したら一生、その人と一緒にいることになるわけだから、顔は自分好みのほうがいい。今は仕事ができていても、子どもが産まれたら働けなくなるわけだから、稼いでない人はやめておいたほうがいいわね」

千枝「うちの彼氏、今、ぜんぜん稼いでない。なんか落ち込むわ……」

理香「玲奈、余計なことを吹き込まないでよ。それでなくとも、瑞穂は理想が高すぎるんだから」

瑞穂「そんなことないわよ。もう、普通の人でいいと思ってるもの」

千枝「普通って、どんな人？」

瑞穂「普通に話や趣味が合って、普通に仕事をしてて、普通に家事とか育児とかを手伝ってくれて、普通に年に2回くらい海外旅行に連れてってくれて……」

理香「それはぜんぜん、普通じゃないわよ。そんな人、この世に存在しないんだから。瑞穂は、もう少し冷静に、自分の市場価値を考えたほうがいいかもしれないわね」

瑞穂「たしかに、もう年だしね……。だからって、夢も希望もない生活になるのは、いやよ。でも、やっぱり結婚はしたい」

理香「どっちなのよ、もう優柔不断なんだから」

千枝「でも、玲奈のところは、けっこうそんな感じよね？　お互いにやりがいのある仕事をしているし、生活も豊かだし、家事もきっちり分担でしょう。休みの日は、それぞれお互いに好きなことしたり、海外に行ったりしているし、うらやましい」

玲奈「たしかに、結婚生活に不満はないわね。でも、それは今、子どもがいないからかもしれない」

瑞穂「玲奈は、子どもをつくらないの？」

玲奈「最近、夫がすごく欲しがるの。私もなんとなく考えるようになったけど、子どもをつくると、仕事に支障が出るから考えちゃって。会社の同僚に最近、子どもが生まれたんだけど、熱を出しましたとか、ケガをしましたとか、保育園からひんぱんに電話がかかってきて早退がすごく多いのよね。そのツケが全部、私たちにまわってきて毎日残業で、正直、迷惑。こんな思い、自分の後輩にはさせたくないなと思うの」

理香「そうは言われても、子どもはコントロールできないからね……」

玲奈「それにその同僚、けっこう仕事ができる人で、管理職に手が届くかもって感じだったのに、子どもができた途端に出世コースから外されたの。子どもをつくると、管理職にはつけないんだって思って」

瑞穂「子どもがいる、いないに関係なく、管理職についている女の人自体、そもそも少ないわよね。この世の中、女の人は出世できないシステムになっているのよ」
千枝「そう思うと、うちの彼氏にがんばってもらって、人生の一発逆転をねらうしか、ないのかな」
理香「役者くん？」
千枝「そう。相変わらず、稽古とオーディションとバイトの日々なんだけど……」
瑞穂「夢があっていいじゃない、彼。私はいいと思うわよ」
千枝「こっちは振り回されてたいへん。お金もないし時間もないし、家事もしてくれないし。今は私が正社員だからどうにかなっているけど、もし結婚して子どもが生まれて産休になったら、生活が成り立たなくなっちゃう。地獄絵図しか思い描けない」

玲奈「たしかに、千枝のところは、天国か地獄かって感じよね」

千枝「だから、結婚になかなか踏みきれないのよね。私がしようって言ったら彼はすると思うけど、ちょっとリスクが大きすぎて。同棲している今の時点で、たまにお金を貸したりしているんだもの」

理香「それはダメよ。同棲してどれくらい？」

千枝「3年かな」

瑞穂「じゃあ、もう結婚しているようなものじゃないの？」

千枝「生活的には倦怠期《けんたい》の夫婦みたいな感じかもね。うちの彼、やさしくて性格もいいし、体の相性が合うから一緒にいるぶんにはいいけど、結婚となると、社会的に仕事がうまくいってない男ってどうなんだろうって思っちゃう」

玲奈「そういえば、うち、1年くらいセックスレスかもしれない」

千枝「旦那さん、子ども、欲しがっているんでしょう?」

玲奈「だから、下手にできないのよ。避妊していても、できるときはできるんだから」

瑞穂「欲求不満にならない?」

玲奈「ぜんぜん、ならないわ」

千枝「考えられない……」

瑞穂「私も……」

玲奈「結婚したら、そんなものよ。ねぇ、理香」

理香「子どもがいたら、それどころじゃないわよ。セックスレスになるほうが自然なんじゃないかしら」

瑞穂「じゃあ、旦那さんがいる意味は…？」

理香「うーん、お財布？」

千枝「うちも、もし結婚したらレスになるのかな……。それはつらいな……」

理香「家事もして、子育てもして、仕事もしている人は仕事があって、そのうえセックスなんてしてたら、体がいくつあっても足りないでしょう？　子どもを産んだら、ただでさえ、体も時間もコントロールできなくなるんだから」

玲奈「なんだか、女って損よね。すごく割りを食ってる感じがする」

瑞穂「でも、男の人もたいへんそうよ？」

玲奈「そうなんだけど、女のほうが自分の枠を越えられないというか。かといって、ほかの人から抜きん出てしまったら変な目で見られるじゃない。枠を突破して、仕事も結婚もうまくいってるような人、見たことないわよね……」

千枝「人生、こんなはずじゃなかったのに……って、たまに思うのよね。でも、すごく不幸ってわけでもないし。不満はあるけど、それなりにまあまあ幸せというか。女の人生って、こんなものなのかな……」

4人の女性の会話を読んで、どう思いましたか？

「理解できない」と思ったでしょうか。それとも、まるで自分のことのように共感できたでしょうか。実はこの女子会の会話の登場人物は、私のところによくいらっしゃる女性たちがモデルです。

それなりに人生を一生懸命生きていて、不幸というわけでも、失敗者というわけでもない。でもどこかで、「人生って、たったこれだけ?」「私、(選ぶ道や男を)間違っちゃったかしら」といった気持ちを抱えている。そしてある日、何かショッキングなことが起こったり、疑いの気持ちや悩みが深くなってきたりして、カウンセリングやセミナーにいらっしゃるのです。あるいはそうなる前に、今年こそ人生を変えようと思いたったり、今の人生に特に問題はないけれど、女性としてより輝きたい、もうひと花咲かせたい、などと思って来る方もたくさんいらっしゃいます。

自分のなかに眠っていた、本音や本当の感情にふれたとき、気づかないうちに我慢しすぎていたり、あまり満足はしていないけれど、こんなものだろうと、あきらめかけていたりした部分が表面化し、課題をのり越える意欲が高まるのです。それには、「女性性」と「男性性」が鍵となります。

「女性性」と「男性性」とは

「はじめに」でもお伝えしたように、「女性性」は女性特有のものと思われがちですが、そうではありません。男性にも女性にも、どちらにも本来、備わっている性質です。女性性が低い女性もいれば、女性性が高い男性もいます。

同じように「男性性」も、男性にも女性にも本来備わっていて、男性性が高い女性もいれば、男性性が低い男性もいます。

「女性性」は、
「受け取り、愛される力」
「物事を決めつけず、受け入れるやさしさ」
「人の心に寄り添う共感力」
「育む力」
「真実を見極める力」

「命を生み出す力」

など、内側の世界に対して能動的な働きです。あなたがそこにいるだけで、誰かが喜んで「何かをしてあげたいと思わせる」ような力です。

「男性性」は、

「エネルギーが外に出ていく力」

「物事を変革しようとする力」

「前に進んでいこうとする力」

「守ろうとする力」

「与えようとする力」

など、外側の世界に対して能動的な働きです。たとえば、駅で女性や子連れやお年寄りが荷物をたくさん持って立ち往生していたら、「階段の上まで運びますよ」と、助けてあげたり、自分の大切な人が困っていたら、「力になりたい」と、すぐに行動に移したりする力です。

「女性性」と「男性性」は、性質が違いますが、同じようにパワフルです。しかし、私たちはどちらの性質も、もともと備わっているにもかかわらず、十分に発揮できなくなっているのです。

なぜなら現代の社会全体が、「誇張された男性性」優位の傾向にあるからです。「誇張された男性性」は、恐れや欲が動機となって発揮されるものです。そのために女性性の価値は見失われてしぼみ、「成熟した男性性」を、しっかりと発揮することもできなくなっています。女性性と男性性のバランスが崩れてしまっているのです。

「成熟した男性性」と「成熟した女性性」のバランスがとれて発揮されると、自分のなかでも他者との間でも、次のような関係性が起きます。

男性性が「もっとやろう！　もっと成功しよう！」と意気込んで行動しようとします。すると女性性は、「最近、忙しく動きすぎているから、ちょっと休みましょう。ここで止まってよく見つめてみては？」と提案します。

そんな女性性の声に、男性性は「そういえば最近、働いてばかりで身体をいたわってなかったから、今日は休もうかな」と素直に聞いて、「休んで自分をいたわる」という選択と行動をとります。休むことで男性性がパワーチャージされて、新たな気持ちで、また自然と動き出したくなるのです。

その姿や成果を、女性性はやさしいまなざしで見つめます。あなたが自分のなかの女性性の、あたたかくやさしい声に耳を傾けることによって、男性性が満たされて安心し、自然と立ち上がって外側に与えたくなるのです。

女性性が成熟していけば、男性性も自然と健全に発揮されるようになります。男性性が健全ならば、女性性もさらに成熟します。女性性と男性性は、互いにバランスをとり合いながら、ともに前に進んでいきます。その循環によって、「健全な女性性」と「健全な男性性」がバランスよく育まれ、自分のまわりの人も満たされた幸せな関係を築くことができるのです。

あなたがもし今、自分自身を１００パーセント輝かせることができていないとしたら、人生に１００パーセントの喜びを感じられていなかったら、あなたの「健全な女性性」が、雲で覆い隠されたように見えなくなっているのです。それは、日本神話に登場する天照大神《あまてらすおおみかみ》が天岩戸《あまのいわと》にこもって、世界が闇に包まれたような状態に似ています。

しかし、あなたの女性性を隠している雲を晴らして、それを取り戻していくことができます。あなたの女性性を隠している「雲」を知るには、「感情」が鍵となります。

雲を取り除くためには、まずはあなた自身が「私は女性性を発揮して、人生を輝かせる」と心に決めることが大切です。決意することで、あなたのなかの太陽が、厚い雲間に一筋の光をもたらし、女性性を取り戻すための道筋を浮かび上がらせてくれることでしょう。

女性性を発揮すると、まわりがどのような環境や状態であっても、やさしくおだやかな気持ちで、日々をリラックスして過ごすことができるようになります。物事に対して決めつけることなく、柔軟に多角的な視野で見られるようになりますから、自分がどうしたらよいのか自然とわかります。

すると、人とのつながりも、とても自然でハートフルなものになります。いつでも満たされるようになるので、今の自分が受け取っている幸せや豊かさを実感できるようになり、さらなる幸せと豊かさがあなたのもとにやってくるようになるのです。

パートナーシップとは

私たちは、生まれてから子ども時代、青年時代と、親や学校、社会に「依存」して成長し、大人になれば「自立」します。

「自立すれば、一人前の人間として成熟したことになる」と思っています。

しかし、大人になって自立しているはずの人がたくさんいるにもかかわらず、人生に閉塞感を持っている人が多かったり、社会が停滞したりしているように見えるのは、なぜなのでしょうか。

実は、人間の心の成長は「自立」が最終段階ではありません。その先に「パートナーシップ」という段階があるのです。自分と相手とで、手と手を取り合って助け合い、ともに人生の喜びや幸せを享受できる段階です。1人で生きているよりも、より軽やかで人生に新たな彩りを感じられる領域です。

パートナーシップは、恋愛や結婚に限らず、友だちや親子、職場での人間関係でも築くことができます。ところが、今の社会では、健全なパートナーシップを築けている人は少ないのです。誰も教えてくれませんが、パートナーシップを築くには準備が必要です。

26ページで、「誇張された男性性」が優位の傾向にあり、女性性の価値が見失われている、と述べました。そうなってしまったのは、私たちが子ども時代や青年期に、やり残したことがたくさんあるからなのです。

「本当はたくさん親に甘えたかったのに、弟や妹が生まれたことで、思うように甘えることができなかった」

「親や友だちに傷つけられたり、裏切られたりして、人を信頼できなくなった」

「困っている親や友だちを助けることができなくて、自分はダメな存在だと思った」

「小さいころに事故や人の死など、ショッキングな出来事に遭遇して、世界は怖いところだと思った」

といった体験は誰もがしていることですが、私たちはそれらをうまく乗り越えられないまま大人になり、「自分は成熟した大人だ」と思い込んでいるにすぎないのです。消化できなかったことに気づいていないことがほとんどでしょう。

生活や経済面で自立できていても、精神的には自立できていないという人も、たくさんいます。「私は自分の感情をうまくコントロールして、誰に対しても大人な対応ができる」と思っている人も、実のところ健全に自立しているとは限らないのです。

健全に自立して、さらにパートナーシップの段階に進むためには、今の自分が気づいていない、子ども時代の「依存のやり残し」を知っていく必要があります。

それは、今のあなたの「感情に対する認識度」と「女性性の成熟度具合」に表れています。未消化だった「依存」が十分に満たされると、感情と女性性が成熟し、健全な男性性と女性性を発揮することで相手とつながり、幸せなパートナーシップが築けるようになります。

パートナーシップは、あなたに女性としての最高の幸福と恩恵をたくさんもたらしてくれます。勇気を持って一歩踏み出し、あなたの「感情」と「女性性」を、本書を通して見つめていきましょう。

第2章

最良のパートナーと巡り合うためには

パートナーができない女性が手放すべき5つのこだわり

パートナーがなかなかできない女性に共通しているのは「こだわりを持ち続けている」ということです。しかも、自分自身がそのことに気づいていない場合が、ほとんどです。あなた自身が、どんなことにこだわり続けているのか気づくことが、まずは大切です。

こだわりには、いくつかのパターンがあります。

●手放すべきこと1【過去の男性への未練や感情】

過去に好きだった人に対する強い感情が残っていると、パートナーがなかなか現れません。相手から傷つけられたことへの怒りや*ハートブレイク、悲しみや憎しみな

＊ハートブレイク……拒絶された痛み、失恋の痛み、悲嘆

どのネガティブな感情は、自分では意識していなくても執着となって、あなたの人生を足止めします。相手がどんなに理不尽で間違ったことをしても、あなたがどんなに傷ついて別れたとしても、その思いを持ち続けている限り、あなたにとって最高と感じられるパートナーは現れないでしょう。

ここで気づいてほしいのは、心のなかで別れた相手に執着し続けるということは、三度の食事を与えて世話をし続ける、刑務所を運営しているのと同じようなものだということです。新しいパートナーと幸せな人生を生きていくための貴重なエネルギーを、あなたを傷つけた相手に罰を与え続けるために、使っているのです。

あなた自身も自由ではないのです。

このことに気づくと、過去の相手への怒りや恨みを持ち続けていることがバカバカしくなって、自然と手放したくなってくるのではないでしょうか。

また、新しく恋人ができても、元彼と比べてしまい、今の彼に不満を感じて別れてしまうという女性も多くいます。

過去の人への、いい思い出やポジティブな感情は、こだわりというよりも愛着といったほうがわかりやすいかもしれません。愛着も新しいパートナーや幸せなパートナーシップを遠ざける要因となり得ます。

過去の人が持っていたある一部分の性格や才能への愛着も、弊害になります。たとえば、好きだった男性がとても包容力のある人で、その部分に愛着があるままだと、新しくできた彼氏がとても度量の狭い人に感じられます。前の彼氏とのすばらしいセックスの体験や相性の良さを忘れられないでいると、新たにできた彼氏とのセックスに不満を感じたり、相性が合わないと感じたりします。

実は、男性一人一人に、すべてのすばらしい性質や才能の種が備わっているのです。しかし、あなたが過去の人へのこだわりや愛着を持っている分だけ、新しい相手はそのすばらしさを発揮することができません。その性質が欠けていたり、才能がないように感じたりして、物足りなくなってしまうのです。

過去に好きだった男性の存在はもちろん、彼の性格や才能といった部分的な愛着も手放しましょう。それは、出会いをなかったことにするという意味ではありません。新たなパートナーを迎えるために、こだわらないということです。

いい思い出へのポジティブな感情にしろ、悪い思い出へのネガティブな感情にしろ、過去の人の顔が思い浮かぶということは、そこに入るべき新しいパートナーのスペースができないということなのです。なかには、自分では昔の人のことをすっかり忘れたつもりでも、実は心の深い部分に残っているということもよくあります。

まずは、「過去の人、出来事、感情、思い出を手放そう」と心に決めることから、プロセスははじまります。

●手放すべきこと2【両親から引き継いだパターン】

私たちは知らず知らず、両親から結婚観や男女関係のパターン、感情表現のパターンなどを引き継いでいます。

父親や子どもの犠牲になって苦しんでいる母親の姿を見続けたり、母親から「結婚は我慢の連続」「結婚は人生の墓場よ」などと言われ続けて育った女性は、それがそのまま自分の結婚観となることがあります。そのせいで、いやな思いをしないように、心の底で「結婚しない」と決めてしまいます。

「結婚したいのに、できない」という状況に陥っている人のほとんどが、実はこのパターンを持っています。表面上の意識では「幸せな結婚をしたい」と願っていても、

心の底に、

「結婚したら不幸になる」

「両親の結婚生活が幸せそうじゃなかったから、私はあんな思いはしたくない」

「両親ができなかったのだから、私も幸せな家庭を築けるはずがない」

「男は浮気をする」

といった思い込みがあるために、心が分裂して「結婚したいのに、できない」という現実をつくってしまうのです。

逆に、両親の仲が良すぎて「私には彼らのような完璧なパートナーシップは築けない」と、両親と自分を比べて劣等感を持ち、「結婚したいのにできない」と思い込んでいるケースもあります。

心の底にある気持ちに気づいたら、「これは両親のものであって、私のものではない、私は愛のあるパートナーシップを選ぶ」と決めましょう。「父親が威圧的で攻撃的、母親は被害者になって引きこもっていた」「父親がコミュニケーション下手で寡黙なため、母親がそんな父親にイラついてヒステリックになっていた」というような、両親の男女関係や感情表現のパターンを引き継いでいることもあります。

あなたが子ども時代に感じていた母親や父親の嫌いだった面を、大人になった自分のなかに発見して、自己嫌悪することはありませんか。両親と似たことを言ったり、やったりする自分や相手に、がっかりしたり、怒ったりするのがいやで、「パートナーをつくらない」と心の底で決めている場合もあります。

父親や母親が持っていて、いやだった関係性、コミュニケーションのしかたを許す勇気が必要でしょう。親のいやな面を「許す」プロセスは、自分1人で行うのはなかなかたいへんですから、カウンセリングなど、ほかの人の力を借りて乗り越えることをおすすめします。第5章の「母のなかに『愛の種』を見出すと、真実のパートナーが現れる」を参考にしてみてもよいでしょう。

●手放すべきこと3【1人でいることの自由さを手放せない】

「パートナーができると、自分の時間やお金を自由に使えなくて、これまでの気ままな生活が送れなくなる」と思い込んでいる人にも、なかなかパートナーが現れません。

結婚した友人や先輩を見て、

「結婚したら、時間やお金が自由に使えなくなって、我慢しないといけない」

「伴侶や子どもの犠牲になって、おしゃれもできないなら、私は結婚しない」

と思っている人が少なくありません。

実は、これは大きな間違いで、思い込みにすぎません。

健全なパートナーシップを築くと、制限されるどころか、身も心もどんどん自由になって、人生の喜びが2倍にも3倍にもなります。ただ世の中には、健全なパートナーシップを築けている人がとても少ないので、そう思ってしまうのもしかたがないことなのかもしれません。

もちろん、物理的には1人でいるときよりも、時間やお金が使えなくなるということが起こるかもしれません。しかしそれは、何かをいやいや我慢するとか、自分が犠牲になって自由でなくなるということではないのです。パートナーシップを組むと、それまで自分だけに使っていた時間やお金を、お互いのために使いたい、という気持ちに自然と変わっていきます。

そして、1人でいるときに感じていた自由気ままさや喜びよりも、何倍もの自由や喜びを感じられるようになります。

もし「パートナーシップを組んだら、我慢をしたり、犠牲になったり、義務で何かをしなければならない。それがいやだし、怖い」と思っているとしたら、それは、前述した両親のパターンを引き継いでいるか、過去の片思いや恋愛で傷ついたところがまだ癒されていないのかもしれません。

そのときは、過去の恋愛で何に傷つき、何を引きずっているか、また両親からどんなことを引き継いでいるのかを振り返ってみましょう。

●手放すべきこと4【人に頼るのが苦手】

パートナーができない女性には、人に頼ったり、甘えたりすることが、とても苦手な方が多くいます。

長女として生まれたり、両親が共働きの家庭に育ったりすると、なんでも1人でこなさなければならないと感じ、頼ったり、甘えたりする機会が少ないまま成長することがあります。なかには両親から、そうすることを禁じられて育ったという人もいます。

そのため、人に「助けて」とサポートを求めたり、甘えることができずに、1

人で思い悩んでしまうのです。

人に頼ったり、甘えたりすることが苦手な女性は、「自分には力がない」と認めることや、人に弱みをさらけ出すことで、なんだか負けたような、ダメな人になったような気がしてしまうのかもしれません。

「強くなければ生きていけない」というメッセージは、世間や親からの刷り込みです。小さなことでかまわないので、自分にできないことや苦手なことを認めて人に頼り、助けてほしいことは「助けて」と声に出す勇気を持ちましょう。男性はあなたが思っている以上に、女性から頼られたり、甘えられたりするのを待っているのです。

●手放すべきこと5【セルフイメージに固執する】

「私にパートナーがなかなか現れないのは、いい男がいないからだ」と思っている人もいるかもしれませんが、ここでちょっと見方を変えてみましょう。

自分の性格や性質、見方に対する思い込みや決めつけを「セルフイメージ」といいます。たとえば、

「私はいい女じゃないから、男の人からアプローチしてもらえない」

「私はそこそこモテるから、もっといい男が現れるはず」

「私はサバサバしていて男っぽいから、男性に敬遠される」

「私は料理が苦手だから、結婚できないかもしれない」

といったことです。このセルフイメージがあるために、また強く握りしめているために、パートナーができないという人がたくさんいるのです。


そこで、「私のセルフイメージが、パートナーができない現実をつくり出しているのだ」と仮定してみましょう。セルフイメージが強いと、それらが制限となって、人生の可能性をどんどんせばめてしまいます。私たちが持っているセルフイメージのほとんどが思い込みなのですが、私たちは強く「これが私だ」と信じているのです。

まずは、あなたがどんなセルフイメージを持っているのか、自分で気づくことが大切です。「パートナーがなかなかできないのは、私が○○だからだ」という文章の○○には、どのような言葉が入るでしょうか。ノートに書き出してみましょう。

たとえば、

「パートナーができないのは、私が『太っていて美人じゃない』からだ」

「パートナーができないのは、私が『家事が苦手だ』からだ」
「パートナーができないのは、私が『もう若くない』からだ」
「パートナーができないのは、私が『仕事を好きすぎる』からだ」
「パートナーができないのは、私が『わがままですぐ感情的になる』からだ」
「パートナーができないのは、私に『子どもがいる』からだ」

といった具合です。これらは、すべてセルフイメージです。そして、たとえそれらが事実だったとしても、このセルフイメージと、あなたにパートナーができないことには、なんの関係もないことが多いのです。

美人じゃなくても、自己主張が強くても、幸せな結婚生活を送っている人はたくさんいます。家事が苦手でも、仕事に打ち込みすぎていても、パートナーが協力してくれて愛されている女性もたくさんいます。

あなたのなかでセルフイメージとパートナーがいない現実とを結びつけて、できない理由にしているだけなのです。セルフイメージと現実を切り離しましょう。

あなたが自分について思っていることを否定しないこと、その性質を持っていてもよいのです。セルフイメージと戦わないで、現実を受け入れることが大切です。それがあなたなのですから。そのうえで、パートナーに愛される意欲を持つのです。

セルフイメージを受け入れ、パートナーに愛されるようになる魔法のキーワードがあります。

それは、「そして」です。

あなたのセルフイメージとパートナーができない現実をくっつけている、接着剤を溶かす役割をしてくれます。こちらもノートに書き出してみましょう。

「私はたしかに『太っていて美人じゃない』、『そして』私はパートナーを持つ可能性を信じます」

「私はたしかに『家事が苦手だ』、『そして』私はパートナーに愛されることを自分に許します」

「私はたしかに『もう若くない』、『そして』私は素敵なパートナーを持ってもよいのです」

「私はたしかにわがままだ、『そして』私はパートナーを持って幸せになります」

「そして」のあとは、自分にしっくりくる宣言文を組み合わせるとよいでしょう。

「私はダメだ」というセルフイメージと、素敵なパートナーができて愛されることはイコールではないことを自分に教えてあげましょう。

セミナーの受講生に、なかなか恋愛がうまくいかなくて自信をなくし、悩み続けている女性がいました。ぽっちゃり気味な女性でしたが、笑顔がとてもチャーミングで、将来パートナーとなる男性は、彼女がそばにいてくれるだけで、その笑顔に癒されるだろうなと感じました。

私は「『自分は幸せになるギフトを持っている』と思ったほうがいいわよ」とアドバイスしました。

すると、何かを思い出したかのようにはっとして、「そうですよね、私、前はモテていたんです」と自信を取り戻しました。

それからほどなくして、彼女にパートナーが見つかり、結婚しました。

数か月後、さらに幸せを受け取るためにセミナーに訪れた彼女は、結婚前よりもずいぶんと痩せて、とても美しくなっていたのです。もちろん、男性や周囲の人を幸せにする笑顔も健在でした。

「結婚するためにダイエットしなくちゃ」と意気込む女性は多いですが、痩せないと結婚できないわけではありません。パートナーを見つけ、結婚してから痩せたっていいし、痩せなくたっていいのです。

自分を幸せにしてくれる男性に愛されるには

女性には「男性に幸せにしてもらいたい」という願望があります。男性もたいていは「女性を幸せにする」という役割を背負っていますから、気づかないうちに男性に依存しがちな女性になってしまうかもしれません。

しかしそうなると、関係性がアンバランスになり、感情的になった彼女を持て余した彼は、彼女の存在を煙たく感じるようになります。

関係をうまくいかせる第一歩は、「自分自身を受け入れる」ことです。自分自身を受け入れることができる人は、ほかの人を受け入れたり、誰とでもうまくやっていったりすることができるのです。すべては、自分自身との関係からはじまります。

そのうえで、彼との関係の行方は女性が握っています。パートナーシップを進めるには、「ありのままの彼をまるごと愛し続ける」という女性性だけでなく、関係性を進めることに消極的だったり、受け身だったりする彼を動かすために、あなたの行動力や与える力といった「男性性」も必要となるでしょう。彼との関係性を深めるには、これからお伝えするいくつかのステップを踏むことが大切です。

●ステップ1【「自分を癒すこと」に意欲を持つ】

「好きな男性に愛されたい」と願うのは自然なことですが、「愛されたい」ばかりでは関係は進展しません。

必要以上に相手に執着したり、愛することを求めたりしてしまうのは、幼少期の依存の未完了があるからです。親との関係で抑え込んでいた悲しみや寂しさが残っていたり、「私はダメだ」という思い込みや被害者意識が強かったりすると、パートナーに大切にされないという体験を繰り返してしまうのです。

第3章や、第5章を参考にするとよいでしょう。過度に自立した男性は、ネガティブな感情を軽視していたり、感情的になるのはみっともないとか、いけないことだと思い込んでいることが多いようです。ですから、あなたが怒ったり、悲しんだりしても、彼はあなたをフォローするどころか、その場から逃げ出してしまうこともあるかもしれません。

そんなときは、自分の感情を、友人やカウンセラーなど、彼ではない別の人に聞いてもらったり、時間をかけてその感情をしっかりと受け止めたりして、自分自身で対処することが大切です。

●ステップ2【相手に感じる魅力的な部分を自分に取り戻す】

仕事で活躍したり、アクティブで社交的だったり、無邪気で自由だったりといった、相手のなかに見える魅力的な部分は、実はあなた自身が十分に発揮していない性質です。それは子どものときに、あなたが投げ捨ててしまった部分でもあります。

つまり、自分のなかの理想像を体現している姿に惚れているのです。自分にはないと思っているから相手に求めてしまうのです。

好きな男性の素敵な部分を、意識して自分のなかで実現させましょう。自分自身をどんどん輝かせることに集中するのです。すると、「この男じゃなきゃダメ」という執着が薄れてくるでしょう。なかには、好みの男性のタイプが変化する人もいます。

●ステップ3【パワーを取り戻し、選択の鍵が自分にあることを信頼する】

おつき合いする相手がどんなタイプの男性であっても、「彼に幸せにしてもらおう」と考えるのではなく、「私は幸せでいる」「彼と一緒に幸せになる」と強く決意し、自分が強いパワーを持っていることを信じましょう。

相手がどんなに魅力的な男性で、思わせぶりな態度をとってきたとしても、その関係の行方を決めるのはあなたです。自分に選択する鍵があるのだと認識するのです。すると、あなたが進むべき方向、相手との関係性がおのずと示されることでしょう。

●ステップ4【あなただけを見てくれる、誠実で育てがいのある男性を選ぶ】

片思いの男性を自分に振り向かせるにはどうしたらよいかと、相談に訪れる女性たちに、私がよくする次のような提案があります。

「あなたが本当に幸せになりたいのなら、自分を選んでくれない男性を手放して、『あなたを愛してくれる、誠実で育てがいのある男性』を選んでみてはどうですか？」

自分自身に対しても、あなたに対しても正直で誠実である人。

あなただけを見てくれている、あなたを選んでくれている人。

今は不完全にみえるけれど、「伸びしろがあるな」と感じられる人。

あなたのことを愛しているから、あなたの言葉に耳を傾けてくれる、ということが見極めのヒントです。そういう男性には、はじめは魅力やときめきを感じないかもしれません。刺激がなくてつまらないと感じたり、頼りなかったりするかもしれません。

しかし、あなたを愛してくれる誠実な男性は、あなたの腕ひとつで素敵な男性に育つ可能性を秘めているのです。それには、正直に「こうしてほしい」「一緒にこうしていきたい」「こうされるのはイヤ」などと、自分の気持ちを伝えましょう。

時間やお金にルーズであるとか、お酒を飲みすぎる、自分の両親の悪口ばかり言う、嫉妬深い、干渉しすぎるといった気になる点は、うまくいっているときは大目に見がちです。でも、2人の関係を長くうまくいかせるためには、相手があなたのために成長しようと思うことが、大切なのです。変化をみせてくれたら、「ありがとう、うれしいわ」と伝えると、パートナーはどんどんやる気を増すでしょう。それには、相手があなたに惹《ひ》かれている最初の時期が最適です。

時間は少しかかるかもしれないけれど、あなただけのことを誠実に愛してくれる男性を、魅力的な人として育てるほうが、女性としての醍醐味《だいごみ》をより楽しむことができるのではないでしょうか。

あなたを愛してくれて、誠実で育てがいのある男性であるかどうかは、一緒にいない時間に、あなたのことをどれくらい考えているのかを観察するとよいでしょう。たとえば、こまめに連絡をくれるとか、花を贈ってくれる、あなたの好みを覚えていてくれる、などは、彼の愛情は確実にあなたに注がれているということです。

あなたの存在を忘れているような男性は、パートナーシップを築くことに意欲がないと判断して、手放すという選択をしてもよいのです。ただし、やりがいのある仕事に夢中になっている場合には、あなたの理解と信頼が必要なことは言うまでもありません。

第3章

最高のパートナーを見つける極意

（カウンセリング例）

カウンセリング1

出会いがない

瑞穂「パートナーが欲しいんですが、出会いがないのです」

弘美「出会いの場には、積極的に出掛けていますか？」

瑞穂「仕事が忙しくて、なかなか行けません。普段は自宅と会社の往復です。でも、土日は月に1回くらい女子会をしたり、2週に1回は料理教室やネイルに通って自分磨きをしています」

弘美「なるほど、仕事と自分磨きで生活の動線が決まっているのですね。同じ日常のサイクルを送っていると、なかなか出会いは訪れないのではないですか？」

瑞穂「たしかにここ数年、忙しくて生活のパターンが決まってしまっていたかもしれません」

弘美「忙しすぎるのは、パートナーをつくるのが怖いせい、という場合が多いのです」

瑞穂「私はパートナーが欲しいと思っているのですが……」

弘美「頭では欲しいと思っていても、深い部分ではそうではないのかもしれません。パートナーができることで実は不都合がある場合、あえてスケジュール帳を予定でいっぱいにしてしまうことがあるのです。ここで、ちょっとゲーム感覚で『自分のことは全部わかっているというふり』をしてみましょう。もしわかるとしたら、なぜ瑞穂さんは、『パートナーができることが怖い』のでしょうか?」

瑞穂「怖いだなんて考えたこともなかったのですが……。パートナーができると、いつか別れることになってしまうのがいやなのかもしれません。価値観が合わなくて離婚するかもしれないし、そうでなくても、いつかはどちらかが先に亡くなるわけですから、別れは必ずきてしまうじゃないですか」

弘美「パートナーを手に入れたら、絶対に失ってしまうと思っているのですね。最初から手に入れなければ、失わなくてすみますからね」

瑞穂「本当ですね。ずっとパートナーが欲しいと願っていると思っていたのですが、欲しくないとも思っていたんですね。自分でも驚きです」

弘美「他にも『パートナーができると怖いこと』がありそうですよ」

瑞穂「パートナーができると、自分のダメなところが出てきちゃうのがいやです。前の彼氏とつき合っていたとき、束縛してしまって。自己嫌悪に陥りました」

弘美「パートナーができると、自分が今まで隠していたところが見えてしまうのは必然なのです。自分のいやなところを受け入れるのも、パートナーシップでは必要なことのひとつなのですよ」

瑞穂「つき合うといやなところが出てきてしまのは、私だけじゃないんですね。少し安心しました」

弘美「束縛するということは、相手のことが好きで好きでたまらなくなって、自分をコントロールできなくなるということですよね」

瑞穂「そうなんです、相手のことばかり考えている自分に、疲れてしまうんです。それもいやですね」

弘美「人を好きになることは、子ども時代の無防備な状態に似ています。守るものがなくなって傷つきやすくなりますから、それは怖いことですよね」

瑞穂「恋愛すると子どもに戻ってしまうんですね」

弘美「それは決して悪いことでありません。子どもは無邪気で存在しているだけで愛されますし、大人の私たちもそうなれれば、パートナーやまわりの人たちを幸せにすることができますよね。でも、恋愛では、子ども時代のポジティブな部分よりもネガティブなところのほうが出やすいのです」

瑞穂「私、意外にも、パートナーができることを怖がっていたみたいです」

弘美「そういう自分がいることに気づくことが、まずは大切なのです。そのほかには、出会いの場には顔を出さないけれど、女子会は定期的に行っているという点が気になりました。女性同士でかたまっていると、パートナーができにくいのです。そこではどんな会話をしていますか？」

瑞穂「恋愛や結婚生活の悩み相談が多いですね」

弘美「たとえば、瑞穂さんに彼氏ができたとしたら、どんな会話が出てきそうですか？」

瑞穂「『顔は自分好みのほうがいいよ、結婚したら一生、その人と一緒にいることになるんだから』とか『女の人は子どもが産まれたら働けなくなるんだから、稼いでない人はダメよ』とかでしょうか」

弘美「女友だちとのつながりは人生を豊かにしてくれますが、お互いの好きな人や彼氏を批判し合うような会話は、そちらの方向に導いてはくれませんよね。それに、女性同士でばかりいると、男性が入るスペースがなくなってしまうのです。最近の男性は勇気がないことが多いですから、近づきにくい雰囲気ができてしまいます」

瑞穂「たしかに、好きな人や、彼氏の愚痴や批判も会話に出ますが、男性の年収とか肩書きとか、どこどこに連れて行ってくれたとか、どんなものをプレゼントしてくれたとか、やんわり競争し合っているところがあるかもしれません」

弘美「『あなたを大事にしてくれる人がいいんじゃない？』と瑞穂さんのことを本当に考えてくれている女友だちが大切ですよね」

瑞穂「そういうことを言ってくれる女友だちは、女子会ではあまりいないかもしれません。でも、参加するのをやめたら、とても寂しくなってしまいそうです」

弘美「寂しさを悪者にする必要はありません。パートナーをつくりたいという動機にもなりますから。たくさんの人がいる場所に1人で出かけて、ピンときた人と話してみるだけでも、今までの生活パターンから抜け出すことができます。男性女性にこだわらず、新幹線や飛行機で隣になった人に、せっかくだからと話しかけてみるとか。そういうところから出会いにつながることもありますよ」

瑞穂「30代半ばになると、本当に自分に合う人がいるのかなとか、どうやって見つけたらいいんだろうとか考えてしまうんです。考えすぎて動けなくなっているかもしれません。砂漠でダイヤの一粒を見つけるよりも難しいとか、自分の市場価値を考えろ、

20代より価値がないんだから、なんて言われることもあります」

弘美「市場価値というのは、大切なものを見逃してしまう、とても悲しい言葉ですね。でも、自分のことを知って、磨くことは大事ですよ」

瑞穂「料理を習ったり、ネイルに行って身だしなみに気をつけたりはしています」

弘美「そういう外見や技術的なことではありません。仕事の昇級にしてもフラダンスの上達にしても、ほかにもSNSで投稿したり、ショッピングしたり、と、結果がわかりやすいのは、男性性的な自分磨きなのです。そうではなくて、本を読んで自分の内面を磨くとか、見つめるとか、受け入れるとか、目には見えにくい女性性的な自分磨きですね。自分を許してあげようとか、愛してあげようとか」

瑞穂「ずっと男性性的な自分磨きをしていました……」

弘美「みなさんよく『私の運命の人はどこかしら』って言いますが、探しても見つからないはずです。自分を見つめて、女性性的な自分磨きをしている間に、将来パートナーになる男性もがんばっていて、同時に育っているんです。あなたが自分を見つめて受容できたときに、同じ成熟度の男性があなたの前に現れる。そのことを信頼することが大切です。とにかく女性ばかりがいる場所に行くのをやめて、パートナーを見つけるということを、継続的に意識することですね」

瑞穂「そうですね。でも、あの子はつき合いが悪くなったとか、変わっちゃったとか、いろいろ言われそうなのも怖いです。女性同士で支え合っているところもたくさんあるので」

弘美「本当に助け合える女友だちであれば、瑞穂さんがパートナーと出会うために必要なこととしているのを妨げるようなことはしないはずですよ。今のままの人生を送った場合の60歳になった自分をイメージしてみましょう。どんな感じですか？」

瑞穂「独身ばかりで、今の女子会メンバーと変わらずおしゃべりしてるかも……」

弘美「それはあなたが心から望んでいる将来ですか？」

瑞穂「いいえ、みんなにパートナーがいて幸せで、楽しくおしゃべりしている未来がいいです」

弘美「だとしたら、今するべきことが自然と見えてきますよね」

カウンセリング2

好きな人には振り向いてもらえず、好きでない人に好かれてしまう

優子「いい男性がなかなか現れないんです。自分から好きになった人は私をちゃんと愛してくれなくて、好きになってくれた人のことは私が好きになれなくて、噛《か》み合いません」

弘美「自分から好きになる人と、自分を好きになってくれる人が一致しないのは、自信のなさの表れです。心の深いところで『私には価値がない』と思い込んでいると、噛み合わない状況に陥ります。ありのままの自分を愛して自己価値を上げ、女性としての自信をもっとつけていく必要がありますね。優子さんが好きになる男性は、どんなタイプですか?」

優子「話がおもしろくて、誰からも、かっこいいと言われる人がわりと多いです」

弘美「では、優子さんを好きになってくれるのは、どのような男性でしょうか？」

優子「垢《あか》抜けなくて、話もつまらなくて、退屈に感じる人です」

弘美「優子さんにとって会話のおもしろさは、とても重要な要素なのですね」

優子「はい、パートナーならコミュニケーションがうまい人でないと困ります」

弘美「男性にいろいろな性質や要素を求めるのは問題ありませんが、それが条件となって『それがないと満足できない』『こういう男性でないと、自分が幸せになれない』というのは、あなたの幸せには役に立たない考えです。それは、その男性を好きというよりは、その人に付随しているアクセサリーを気にしているようなものですね」

優子「でも、会話ができる人でないと、間が持たなくて、どうしたらいいのかわからなくなるんです」

弘美「だけど、会話がうまい人は、あなたのことを大切にしてくれないわけですね。もしかしたら、優子さんは、好きな人から好かれることを自ら遠ざけているのかもしれません。よく見れば絶対に手に入らないとわかっているのに、追いかけてしまうという女性は多いのです。リアルな関係を持つことを恐れているのかもしれません。相手に惹かれても、心のどこかで『私はこの人にふさわしくない』と思っているところはありませんか？」

優子「たしかに元彼に対しては、一緒にいると劣等感を持つことがよくありました。2年前まで1年くらいおつき合いしたのですが、あるとき『結婚するのは君じゃない』と言われて別れてしまいました。私は『この人しかいない』と思っていたので、とても傷つきました」

弘美「その元彼に対して、未練はありますか?」

優子「あると思います。『人生のパートナーではないけれど、友人としてはつき合っていきたい』と言われて、私も今は彼氏がいないので、悩んだり疲れたりしたときに、ついメールをしてしまいます。彼もやさしく応えてくれるので頼ってしまうし、まだ心のどこかで期待しているところもあるかもしれません」

弘美「その元彼のことをどれくらい卒業していると思いますか? 0パーセントから100パーセントまでの数字で、直感で答えてください」

優子「70パーセントって数字が浮かびました」

弘美「では残りの30パーセントが、優子さんの新しい恋愛の可能性を閉ざしてしまっているということなのです。連絡ができる手段があって、つい頼ってしまうということは、もしかすると70パーセントよりも、もう少し低いかもしれませんね」

優子「元彼との連絡を絶つことを想像したら、胸が痛くなって悲しい気持ちになります。本当に、1人になっちゃうんだなって感じがします……」

弘美「その『1人になっちゃう』という気持ちは、もしかすると、元彼とつき合う前から持っていたものかもしれませんね。たとえば、子どものときに同じような気持ちを感じたことはありますか？」

優子「……そういえば、5歳くらいのとき、両親がケンカをして、父が2週間ほど、うちに帰ってこなかったことがありました。母だけでなく、私まで置いていかれたような気がしてつらかったのです」

弘美「そのときのつらさも、今、感じてしまいましょう。5歳の優子さんは『自分は見捨てられたのではないか、私は愛されていないんじゃないか』、そういうふうに思って自信を失くしてしまったのかもしれませんね」

優子さんは、子ども時代の出来事を思い出し、目をうるませ、とても悲しく寂しそうな表情をしています。彼女は、さらに当時を思い出して、しばらく涙を流して泣いていました。10分ほど経って、落ち着きを取り戻し、再び話しはじめました。

優子「……まさか5歳のときのあの出来事が、こんなにショックで悲しかったとは思ってもいませんでした。『両親がケンカして父が出ていったな』くらいにしか思っていなかったんです」

弘美「子どものころから心のなかにずっと残っていた、ショックや悲しみや寂しさが、優子さんのこれまでの恋愛に影響していたのかもしれませんね。元彼とは、最後はそういうふうに終わったけれども、あなたが幸せなパートナーを持つための経験として、今、愛と感謝を持って彼を卒業しましょう」

優子「まだ少し心が痛い感じがありますが、将来のために、がんばって連絡を絶ってみようと思います」

弘美「優子さんがこれから真実のパートナーを持って、それでも元彼と友人でいたいのであれば、将来そうなるかもしれませんが、今は彼とは連絡をとらないようにしたほうがいいですね。真実のパートナーができたら、その彼とは連絡をとりたいとすら思わなくなる可能性もありますよ。では、さらに元彼への怒りやハートブレイク（34頁）があったとしたら、涙とともに手放してしまいましょう」

優子「そうですね、傷つけられたことへのハートブレイクがありますね……」

弘美「その感情や感覚も、さっきみたいに感じていきましょう。泣いてもいいのですよ」

優子さんは、またしばらくの間、ハートブレイクの感覚が自分のなかにあるのを見つめていました。

優子「元彼に別れを告げられたとき、とてもショックだったんですが、自分で思っている以上に怒っていたみたいです。もしかしたら、この怒りを認めたくなかったから元彼に未練を持っていたのかもしれません。手放すということが少しわかってきたような気がします」

弘美「真実のパートナーに、一歩近づきましたね」

優子「そうなんですか？」

弘美「『私は真実のパートナーと出会える』と信頼することは、とても大切ですよ。今までは信じていなかったから、好みのタイプの男性にしがみついていたのかもしれませんね」

優子「真実のパートナーと出会うと信頼できるようになるには、具体的にどうしたらいいのでしょうか？」

弘美「まわりの男性、上司や先輩、年下の部下、父親や男兄弟、男友だち、誰でもいいから男性を観察して『ハードワークしているこの人は、どうしたら休みがとれるようになれるかな』とか『営業に出たらなかなか帰ってこない同僚は、どうしたら帰ってくるようになるかな』とか、自分に何ができるかということを考えてみましょう。自然とパートナーシップの練習になるので、自分への信頼が高まってきます。

それに、もし、これから優子さんのことを好きになってアプローチしてくれた男性を、どうしても生理的に受けつけないというのでなければ、多少つまらない人と感じても、『私がこの男性を素晴らしい人に育てていく、成功させる』という見方で接していくと、今までの恋愛とは違う関係性を育めるようになるかもしれませんよ」

優子「今はまだ好きになってくれる人を、好きになれる自信はありませんが、好きな人をどうしても振り向かせたいという、執着みたいなものは薄れてきたような気がします」

カウンセリング3

はじめは口説かれるのに、なぜかふられてしまう

彩香「ここ何年か、同じようなパターンの恋愛を繰り返していて、ボロボロになってしまうんです。もういい加減に抜け出したくて……」

弘美「同じ恋愛パターンになるというのは、どういうことでしょう?」

彩香「男性と出会って、相手に口説かれて交際がスタートするのに、なぜか必ず私がふられてしまうんです。いつの間にか立場が逆転してしまいます。

つき合いははじめは相手のほうが盛り上がって、会いたい会いたいと言ってきて、私のほうが予定をやりくりしなければならないくらい余裕なんです。でも、だんだん相手がデートの約束に遅れるようになって、勝手に時間を変えられたり、ドタキャンされたりしてしまいます。彼が何をしているのか気になって、干渉したり、怒ってしまっ

たりします。それでわずらわしいと思われて、相手から遠ざけられてしまうんです」

弘美「相手のペースに合わせてしまうのですね。彼と会うために、仕事がおろそかになったり、女友だちと疎遠になったり、趣味や習いごとから遠ざかったりしていませんか？」

彩香「相手が休みの日に私に予定が入っていることがわかると、残念そうな顔をされるので、気の毒になって、つい都合を合わせるようになってしまうんです」

弘美「男性はきっと、最初は彩香さんの生き生きと輝いている姿に、魅力を感じてアプローチしてくるのでしょう。でも、おつき合いしているうちに自分の思いどおりになってしまうので、魅力を感じなくなってしまうのかもしれませんよ」

彩香「それなら、私はもっと相手のことを振り回せばよかったのでしょうか？」

弘美「相手をコントロールするのではなくて、彩香さんが自分の人生を自分らしく生きていることが大切なのです。一方で、甘え上手でいることも大事なことなのですが、彩香さんは彼氏に甘えたことはありましたか？」

彩香「甘えるのは、昔からとても苦手です。申し訳ないような気持ちと、わがままを言うと、嫌われてしまうんじゃないかと怖くなってしまいます」

弘美「でも、甘えずにわがままを言わなくても、相手につくしすぎて結果的にふられてしまうわけですよね」

彩香「だからどうしたらいいのかわからなくて……。なぜ、甘え上手になることが大事なのでしょうか」

弘美「相手を自分の世界に招き入れることで、パートナーシップを育むことができるからです。上手な甘えは、相手を幸せな気持ちにさせます。でも、うまく甘えられない人は、気づかないうちに男の人に過度に依存する感じになって、いやな気持ちにさせてしまうのです。依存が悪いわけではありませんが、甘え下手だと、相手のことを考えずに全体重を預けるようなことをしてしまいます」

彩香「甘えと依存って、違うんですね。いつの間にか立場が逆転してしまうのは、私が甘え下手で、男の人に寄りかかってしまうからだとわかりました」

弘美「彩香さん、きょうだいは？」

彩香「妹がいます。彼女はとても要領がよくて、そういえば甘え上手かもしれません」

弘美「そんな妹さんを見ていて、彩香さんはどう感じていますか？」

彩香「ずるいと思っています。その反面、うらやましいと感じることもあります」

弘美「妹さんのパートナーシップはいかがですか？」

彩香「20代後半で結婚して、小さな子どもが2人いてたいへんそうですが、甘え上手なせいか、旦那さんとうまくやっていて、のびのび生きているようにみえます」

弘美「上手に人に甘えることができると、パートナーシップや人生がスムーズになるんですよ。おそらく、彩香さんがおつき合いしてきた男性たちは、甘えたい気持ちを抑圧していたんじゃないかしら。女性があまり依存的になると、自分の未熟なところを突きつけられるような気がして逃げたくなってしまうのです。彼らは、あなたが感情的になるのもいやがりませんでしたか？」

彩香「そうなんです！　私が泣いたり、怒ったりすると、煙たがって部屋から出て行ったり、音信不通になる人もいました」

弘美「男性は自分の弱いところを見るのが苦手な人が多いのです。女性から感情をぶつけられると、自分があなたを幸せにできていないと失敗感を持って、逃げたくなってしまいます」

彩香「私が弱いのがダメなんだと思っていました。でも、強くなろうとがんばっても、好きになると、どんどん感情的になってしまうんですよね……」

弘美「感情的になるというのは、どんなふうになるのかしら?」

彩香「約束をドタキャンされたり、一緒にいても、彼がうわの空で私の話を聞いてくれなかったりすると、怒りをぶつけてしまったり、悲しくて寂しくて泣いてしまったり……。思い出すだけでも泣けてきました……」

弘美「その感情は、本当は子どものころに両親や大人に受け止めてもらいたかったものので、今の恋愛関係をきっかけにして出てきているのです」

彩香「今、気づいたんですが、私がつき合ってきた男性たちはどこか父に似ている気がします。やさしい人ではあるんですが、つらいことを話そうとすると、怒ったり、無視したり、逃げたりするんです。私、そのことにとても怒っているみたいです」

弘美「彩香さんの気持ちを理解せず、期待しているように愛してくれなかった父親に怒っていたんですね。父親は自分が望む形では愛を表現してはくれなかった。そのことを受け入れましょう。課題は、そのことをずっと責めていくのか、受け入れるのかということですよね。受け入れると、男性に対して今ほど不安感を感じなくなり、もっと自然に自分らしく振る舞うことができるようになりますよ」

彩香「受け入れたいです」

弘美「それでは、もう少し深くみていきましょう。怒りの下には、どんな感情がありますか？」

彩香「……悲しみと寂しさですね……」

弘美「では、その感情も今、認めて受け入れましょう。ずっとその感情が行き場をなくして彩香さんのなかにあったのですね」

彩香さんは感情を感じ続けたのち、少しずつ平静さを取り戻していきました。

弘美「男性と親しくなると、相手が父親のように見えてしまい、自分の望む形で愛してくれなかったために、過度に依存的になっていたのかもしれませんね。男性に合わせて自分のスケジュールをどんどん変えてしまうような女性は、飽きられてしまいます。『1回寝たくらいで、自分の女だと思われたら困る』というくらいの誇りをもって生きてほしいわ」

彩香「私も『この男は自分のもの』と思いはじめた途端に、相手を追いかけるようになってしまうのかもしれません」

弘美「それは愛ではなく、執着ですから、立場が一気に変わってしまいます。追いかけて、相手のことをどうしたいのかしら？」

彩香「手に入れたい、自分のことを認めさせたいと思っています。それで『この男じゃなきゃダメ』って執着してしまうんです」

弘美「『この男じゃなきゃダメ』というのは真実ではありません。自分の足りないと思っているところを、相手で満たそうとしているから、執着してしまうのですね。相手を利用せずに、彩香さん自身が自分を認めて輝いて生きることが大切です。女性が自分を輝かせるには、女性性を成熟させることが必要なのです」

彩香「どういう意味でしょうか？」

弘美「男性性とは、世の中に出ていく、与えたり、行動していく力のことです。でも、そればかりやっていると誰でも疲れてしまいます。そのときにねぎらってもらったり、やさしく包まれたりして、癒されることが必要です。それが女性性の力なのです」

彩香「女性性を発揮できていなかったから、私はずっとパートナーシップがうまくいかなかったのですね」

弘美「そうかもしれません。自分のなかの男性性と女性性のバランスがうまくとれていれば、相手に振り回されにくくなりますよ。

そのためにはまず、湧き上がってくる感情がどのようなものであっても、否定や批判をせずに受け入れることからはじめるといいですね。つらいネガティブな感情も『そうだったのね』と寄り添うように感じてあげると、いずれ消えてなくなります。すると、すっきりして、前に進む意欲が湧いてくるのです。そして、自分がやりたいと思うことや好きなことを、なるべくたくさん実現させてあげる。その体験の繰り返しが自分を満たしていき、人生が輝くようになります」

彩香「たしかにさっき、悲しみや寂しさの感情を感じつくしたら、パワーが戻ってくるような感覚がありました。今、気づいたのですが、私は自分のことにばかり意識が向いていて、おつき合いしていた男性の気持ちを、見ようとしなかったかもしれません。彼らも、本当は傷ついていたり、悲しんだりしていたかもしれないですよね」

弘美「そうなんです、自分を受け入れるようになると、相手のこともよく見えるようになります。そうやって健全なパートナーシップを育める準備が整っていくのです」

彩香「パートナーシップを築くのに準備が必要だなんて、考えたこともありませんでした。もっと彼らの心に寄り添ってあげたいと思うようになりました」

弘美「彼らの気持ちをくんであげることも、もちろん大切ですが、母親にならないように気をつけなければなりません。あなたが母親になってしまうと、男性は魅力を感じなくなって、やはり離れていってしまいます。それは健全なパートナーシップとはいえないのです」

彩香「健全なパートナーシップを組むには、どうしたらいいのでしょうか？」

弘美「先ほどもお話ししたように、まず、あなたが輝いていることです。男性に合わせすぎない。私の夫は結婚前、私がとても忙しいので、デートのはじめに次の予定を入れることに一生懸命になっていました。男性に対して、女性はそれくらいのスタンスが必要ですね」

彩香「それで相手が離れていくならいらない、という感じでいいのでしょうか」

弘美「というよりも、思いやりと自己尊重とのバランスをとることが大事です」

彩香「まずは、たくさん自分を受け入れて、毎日を輝かせていきたいと思います」

カウンセリング4
好きになる男性が既婚者ばかり

由結「狙っているつもりはないのに、好きになる相手や、つき合う男性が既婚者ばかりなんです。そうでない人とつき合おうと思っても、蓋を開けてみると結婚していることを隠されていたりして、気づくと不倫を繰り返しています。そんな自分が、もういやでたまらないんです」

弘美「男性として、できあがっているような人が多くありませんでしたか？　おしゃれだったり、会話が上手だったり、デートのエスコートやプレゼントのしかたがロマンチックだったり、お金持ちであったり、社会的に成功していたり」

由結「はい、素敵な人ばかりでした」

弘美「できあがっているすばらしい人に惹かれるのかもしれませんが、そういう人は、たいてい結婚しているのですよね」

由結「そうなんです、なぜでしょうか？」

弘美「由結さんがおつき合いしてきた男性たちは、はじめから素敵だったわけではないと思いますよ。彼らは、ある意味、奥さんや子どもの存在によって、そのような男性に成長していったのです」

由結「独身で素敵な男性はいないんでしょうか？」

弘美「由結さんは、結婚したいと考えているのですね」

由結「もちろんです。結婚して、いいパートナーシップを築きたいと思っています」

弘美「では、ここで想像してみましょう。これまでおつき合いしてきた男性のうちの1人と結婚したとします。社会的に成功している完璧な男性だったとしても、それがずっと続くとは限りません。その男性がもし、何かのトラブルによって裸一貫になってしまったとしたら、あなたはそれでも彼と一緒にい続けようと思えますか？」

由結「ちょっと、尻込みしてしまいます」

弘美「結婚やパートナーシップというのは、相手が不調のときでも『この人には力があるから大丈夫。また一緒に一からやっていこう、私がまた成功させてみせる』という女性性を持って、ともに歩んでいく意欲が必要です。もちろん別れることが悪いわけではありませんが、パートナーシップの醍醐味はあまり味わえないかもしれません」

由結「私にはパートナーシップを築く覚悟が足りないんですね。それどころか、奥さんが育んできた、男性たちのいいとこ取りばかりしてきたんだとわかりました。私って本当にダメだなと、つくづく自信がなくなってしまいます」

弘美「三角関係に陥っている人は、自分のことを責めていることが多いですし、なかには罪悪感を持つことで、自分を正当化している人もいます。開き直って平気なふりをしている人もいます。でも、どれも幸せには何の役にも立たないのです」

由結「不倫をした自分を許してもいいのでしょうか。いけないことなのに……」

弘美「どんな間違いでも、気づいたときに訂正して向きを変えることができますよ。由結さんは不倫した自分をずっと責めながら、これからの人生を生きていくのですか？　それでは真実のパートナーと出会うことも、幸せなパートナーシップを組むこともできません。そのまま一生を終えてしまうとしたら、後悔しませんか？」

由結「真実のパートナーと出会って、幸せになりたいです」

弘美「それでは、間違えた自分に対して『もう、いいんだよ』と許してあげて、彼らがくれたロマンスも感謝とともに手放しましょう。そして、真実のパートナーがいる方向をイメージして、くるりと意識の向きを変えましょう」

由結「自分が思っていたよりも、たくさん罪悪感を持っていたみたいです。まだ出会っていないけれど、真実のパートナーに意識を向けたら、罪悪感や元彼たちのことが、どんどん自分からはがれ落ちていくような感じがします」

弘美「三角関係を繰り返してしまうのは、幼少期のエディプス・コンプレックスに原因があるので、もう少し両親との関係を深く見つめる必要がありますね」

由結「エディプス・コンプレックスとは、なんですか?」

弘美「心理学者のフロイトが発見した、多くの人が体験する幼少期のトラウマです。『自分は同性の親を殺して、異性の親と恋仲になってしまった』という罪悪感や恐れがあるために、幸せを選べないという、ギリシャ神話の『オイディプス王の悲劇』の物語が由来となっています。親に恋心を向けるのはタブーですから、無意識のうちに自分から親を遠ざけるということをするのです」

由結「私が自分の父親を男性として意識したということですか？　まったく記憶にないですし、想像するだけで吐き気がします」

弘美「その気持ち悪さはタブーを犯してしまったような嫌悪感からくるものかもしれません。ある意味、そうやって間違いが起こらないように身を守っているともいえるのですよね。由結さんは、両親との関係はいかがですか？」

由結「父は子どものころから私をとてもかわいがってくれましたし、母との関係も悪いほうではないと思います」

弘美「両親の仲はいかがでしたか？」

由結「とてもいいです。今でもよく2人で外食したり、旅行したりしています」

弘美「そんな仲の良い両親を、幼少期の由結さんは、どんなふうに見ていましたか？」

由結「今はうれしいし、憧れの夫婦ですけど、子どものころは寂しいと感じていた時期がありました。両親の間には入れないというか、私だけ、一人ぼっちな感じがしていたんですよね」

弘美「由結さんの三角関係の恋愛パターンと似ていますね」

由結「本当ですね。両親は愛し合っているけれど、私は注目されていないと感じていました」

弘美「父親は、あなたを愛してくれていたのでしょう？」

由結「でも、自分は母のように美しくないし、魅力もないと感じていたのです」

弘美「由結さんは、親子3人の関係において、エディプスの敗者になっていたのですね。父親の愛を巡る母親との『女の競争』に敗れてしまって、それを恋愛で再体験していたのかもしれません。できあがっている男性ばかりを好きになっていたのも、彼らに父親の面影を見ていたのではないでしょうか」

由結「いろいろと腑に落ちます。三角関係にそんな原因があったなんて想像もしていませんでした。でも、今、謎が解けたような気がして、とてもホッとしています」

弘美「同じ三角関係で既婚者とつき合う女性でも、幼少期にエディプスの勝者だった、つまり父親の愛を奪い合う母親との戦いに勝って、父親に母親よりも愛されて育ったというケースもあります。そういう人は、交際相手の男性と奥さんを別れさせることにやっきになったり、実際に相手が別れて結婚したりする場合もあります。

それが良い悪いに関係なく、自分を許すことができないと、罪悪感が親密な関係の妨げとなります。エディプスの敗者でも勝者でも、幼少期に父親に恋心を持った罪悪感や、母親と、女として競争したことで持ってしまった劣等感や優越感、奪い合ったことへの罪悪感が残っていて、どんな状況になっても本当の幸せを感じられないことが問題なのです」

由結「どうしたらいいのでしょうか」

弘美「『愛は有限で、誰かと奪い合わないと手に入らない』という思い込みが自分のなかにあることを知って、手放すことですね。愛は無限ですし、奪い合わなくても、それぞれの関係で愛し合い、絆を持つことが可能なのです。両親が愛し合っていても、あなたと父親が愛し合うことはできますし、あなたと母親との間でもできるのです。何より、まずは、自分が自分のことを愛して幸せにすると決意することが大事です。自分が幸せであれば、誰かと愛を奪い合う必要もなくなりますよね」

由結「自分を愛して幸せになってしまったら、パートナーをつくる意味がなくなってしまうのではないでしょうか？」

弘美「もちろん、1人の人生に満足している人もいますが、自分が幸せだからこそ、誰かと一緒に、より幸せな新しい世界を創造していくこともできるのです。

まずは、自分が幸せであることを選ぶ、その力が自分にはあるのだと信じることが大切ですね。そして、将来、由結さんにパートナーができて一緒に人生を歩むようになったとき、あなたが幸せでいることによって、その男性は成功していくことができるのです。『この人は、これからも成功し続ける男性だ』と相手を信頼することも、女性性の力なのですよ」

カウンセリング5

ダメ男を好きになってしまう①

「本当にこの男でいいの？」

千枝「つき合って5年、同棲して3年経つ年下の彼がいます。このまま関係を続けたほうがいいか、別れて新しい人を見つけて結婚したほうがいいか、悩んでいます」

弘美「関係を続けたほうがいいか迷っているのは、なぜですか？」

千枝「彼、役者を目指しているのですが、なかなか芽が出なくて……。オーディションと稽古とバイトの毎日で、お金も時間もないし、うだつが上がらないというか、将来が見えなくて不安なんです」

弘美「彼と結婚するつもりはないのですか？」

千枝「そこで迷っているんです。厳しい世界だから彼が売れるかどうかわからないし、結婚すると、ずっと貧乏なのかなとか。もし子どもができたら、私が仕事をセーブしないといけないだろうから、たいへんになるだろうなとか。彼との明るい未来を描けないんです。

妹や友だちの旦那さんは一流企業に勤めているので、生活もそれなりに安定しているし、定期的に昇給したり、出世したりしていて、そういうのがうらやましくて。私も結婚するなら、そういう人がいいんじゃないかなって最近、よく思うんです。彼は気さくな人で、誰とでも仲良くなれる人なんですが、友だちとの飲み会や食事に連れていくのに引け目があります」

弘美「彼は一緒に生活していて、どうですか？　彼のどんなところが好きですか？」

千枝「生活は正直、しんどいです。彼は稽古とバイトで忙しくて、帰ってくるのがほとんど終電なので、家事は仕事が定時で終わる私が全部やっていますし、金銭的にも苦しいです。でも、性格的には彼、言うことないんです。やさしいし、包容力があるし、私のいいところをたくさん褒めてくれるし、話もよく聞いてくれます。でも、最近とても子どもっぽく見えてきてしまって……。つき合いたてのころは『一流の役者になるんだ』と夢を追っている彼がキラキラしていてカッコよく見えていたんですが、つき合いが長くなって同棲するようになってからは、彼の夢が現実的ではないなと感じるようになってきました」

弘美「男性はもともと、子どもっぽいところがあるのですよね。ましてや年下となれば、それもしかたないところはあります。彼の前におつき合いしていた男性は、どんな人でしたか？」

千枝「年上で彼とは真逆の人でした。その人もクリエイティブな仕事をしている人だったんですが、成功してわりと稼いでいたので、旅行に連れて行ってくれたり、美味しいものを食べさせてくれたりしました。でも、とてもいばっていて、デートの約束をすっぽかしたり、話していてもめんどうくさそうにする人で、だんだん私が精神的に不安定になってしまって。何度か浮気もされたので、いやになって別れたんです」

弘美「そういう意味では、今の彼はあなただけを見てくれて、大切にしてくれる人なのですね。彼の将来は、あなたの育て方次第ですよ」

千枝「『育てる』と言われると、ちょっと重たいというか、疲れる感じがしてしまいます」

弘美「彼が将来、売れていくかどうかというのは、私にもまだわからないけれど、少なくとも、彼が自分の生活をちゃんとやっていけるようにならないと困りますよね」

千枝「そうなんです。お金も貸していますから、そこも大丈夫かなと思ってしまうんです」

弘美「あなたから借りたお金を、彼はどんなことに使っているのかしら?」

千枝「電車賃とか飲み会で後輩におごるとか、ですね」

弘美「なるほど、千枝さんはちょっと彼を子ども扱いしているかもしれませんね。女性が母親みたいになると、男性はどんどん甘えてしまいます。彼があなたを口説いたとき、とても背伸びをしていたと思うんですよ。その気持ちを大事にしてあげるのです。『あなたが売れたら、こういうものを買ってね』とか『こういうところに連れて行って』とか、お願いすることも大事ですよ。男性は『あなたを幸せにしたい』という思いでがんばるのですから」

千枝「つき合いたてのころは、そういうことよく言っていたんですが、最近、言えなくなってしまいました」

弘美「夜の生活のほうはどうですか？　彼に十分にあげていますか？」

千枝「そこはすごく相性が合って、いい感じだと思います」

弘美「セックスには段階があって、肉体だけのつながりのセックスから、心が通い合う感情のセックスというふうに進化していきます。あなたが彼を本当に育みたいと思うなら、そのときに愛をいっぱい与えて『彼が成功するように！』というエネルギーを送ることができますよ」

千枝「最中にですか？　そんな器用なことが私にできるんでしょうか？」

弘美「できますよ。彼を本当に愛して『この男はヒーローになれる、なれる』とイメージして、たくさん褒めるんです。彼はあなたのヒーローになりたいのですから」

千枝「彼の成功をイメージしながらするなんて、考えたこともありませんでしたが、それはできるような気がします」

弘美「ですから、あなたは絶対に母親にならない、ということですよね」

千枝「私が家事をやらないということですか？　でも、私のほうが仕事が早く終わって帰ってきて、彼はいつも終電なので、物理的に家事をする時間がないんです」

弘美「できる範囲で、家のなかで何か少しでも貢献してもらったほうがいいですよ。朝、これはやってくれる？　私はこれをするから、とかお願いをして」

千枝「ゴミ捨てに行ってもらうとかなら、頼みやすい気がします」

弘美「彼の母親にならないことは大切です。彼にはすでに母親がいるわけですから、あなたが母親になってしまったら、ダメ男をつくることになります。対等なパートナーになることが大切ですね」

千枝「私もともとつくすのが好きで、気づいたらつくしているんですよね。ごはんをつくったり、世話をしてあげたりしたくなってしまうんです。それでこの人を愛してるんだ、みたいに思っていました」

弘美「前の彼氏にも同じことをしていたんじゃないかしら？　前の彼は、あなたの所帯じみたところを見てしまって、離れたくなったのかもしれませんね。あなたは本当はバリバリ仕事をして輝いている人であって、前の彼も今の彼も、そういうところを好きになったんじゃないかしら。あなたにふさわしい男になりたいって。男性はそうやって成長していくのです」

千枝「私、恋愛すると一途になって、仕事がおろそかになってしまうところはありますね。今の彼はつき合いが長いので、だいぶバランスがとれるようになってはきましたけど、仕事への意欲は薄れていたかもしれません」

弘美「では、もう一度仕事でもベストをつくすと決めてください。ところで彼のことですが、頼りなく見える一方で、あなたのお友だちや妹さんに対してもやさしいから、彼女たちはいつもあなたのことをうらやましいと思っているはずですよ」

千枝「そうなんですか？　私は友だちや妹がうらやましいと感じているんです。男性として社会的に成功している彼氏やパートナーでかっこいいなって」

弘美「お友だちの彼氏や妹さんの旦那さんたちは、あなたやほかのお友だちに、あなたの彼のようにやさしく接してくれますか？」

千枝「彼らはどちらかというと、仕事や自分の趣味の話が中心な感じです」

弘美「彼女たちが本当に男性に求めているのは、あなたの彼のようなやさしさだと思いますよ。そして、千枝さんのなかに女性同士の競争の意識があることに気づいていくといいかもしれません。ほかの女性たちから、あなたの彼や彼とつき合っている自分がどんなふうに見えるかをとても気にしていますよね。彼をみんなとのお食事に連れて行きたくないというのも、競争の表れではないかしら」

千枝「たしかにうちは三姉妹で、ずっと姉や妹と比べられてきたので、劣等感とか優越感とかをいつも感じていました」

弘美「女性同士の競争によって、いつのまにか『自分の男がいくら稼いでいるか、どれだけ社会的に成功しているか』というのが自分の価値になってしまったのですね。パートナーの収入とあなたの価値は、まったく関係がありませんよ」

千枝「うだつが上がらない彼を『あんな人の、どこがいいの？』みたいに思われているんじゃないかと内心、思っています」

弘美「それは大きな間違いです。あなたが彼にやさしくしてもらっているところを見せると、みんなはうらやましいと思うはずですよ。あなたは心のなかで、『今に見てなさい、この男は立派なヒーローになるんだから、私は彼のいいところをたくさん知っているんだから』と思っていればいいのです。女性同士で競争をしていると、どんな人も劣等感と優越感を感じているものなのです」

千枝「彼女たちが私をうらやましいと思っているなんて、考えたこともありませんでした。それに彼とつき合いはじめたころは、『彼が成功していく姿をそばで見ていたい』という気持ちがたくさんあったのですが、だんだん忘れてしまっていました」

弘美「だから今、つくして貸しをつくってはダメなんです。対等なパートナーなのだから、お互いに、今、与え合わないと」

千枝「対等って、どういうことでしょうか？　平等ということですか？」

弘美「彼の母親になったり、彼をダメな人として見ないことです。彼を、力がある人、未来がある人として見る。だから当然、自分の生活面での責任もとってもらいましょう。家庭でも貢献してもらう。できないこともあるでしょうけど、なるべくできることをやってもらいましょう」

千枝「家事をやってもらえるように、もっと強く出たほうがいいんですね。最近、どんどん日陰の女になっていたような気がします」

弘美「『糟糠《そうこう》の妻』というのは、男性が売れ出したときにふられるものです。なぜなら、つくしてばかりいると、男性は借りがあるように感じて落ち着かないのです」

千枝「逆だと思っていました。彼が売れたときに報われるんだ、と。でも、たしかにミュージシャンとか、そういう人、多いですよね。売れない時代をずっと支えてくれた人を、男性はどうして簡単に捨てられるんだろうと不思議に思っていたんです」

弘美「あなたはつくしてはいるけれど、心のなかでは彼の才能を信じていないんですね。反対ですよ。言葉では『あなた、ちゃんと稼いできてね、5年後じゃなくて、今よ』と言いながら、心のなかでは『この男はいいところがたくさんある、絶対に成功する』と考えてごらんなさい。あなたが年をとってきたころには、彼は男盛りです。年下の男性は、今のあなたより収入が低かったとしても、いいところがたくさんあるのですから」

千枝「たしかに彼の才能を信じていなかったから、結婚するのが怖いと思っていたのかもしれません」

弘美「パートナーシップにおいて、女性は多少ずるいほうがいいと思うのです。『ずるい』というのは、自分のためにこそ何かをするということではありません。2人の関係をうまくいかせるために、機転をきかせる、ということです。

千枝さんには過去の傷ついた恋愛の体験があったから、あなたのことを大事にしてくれる男性が必要だったのです。その部分を大切にしたほうがいいですよね」

カウンセリング6

ダメ男を好きになってしまう②

「本当にダメな男の見分け方」

真帆「ダメな男と、まともな男性との見分け方を教えてほしいのです」

弘美「ダメな男を見極めて、そうでない人とつき合っていきたいのですね。今は、おつき合いしている男性は？」

真帆「もう別れようと思っているのですが、同棲している彼が一応、います。どんどん働かなくなってしまって、家事もやらないし、家でダラダラとゲームをしたり、漫画を読んだりして過ごしているんです。最近は、私の貯金を切り崩すことになって、もう限界なので別れようかと」

弘美「性格はどんな人ですか？」

真帆「わがままで自分勝手です。口の利き方も悪くて、私に暴言を吐くこともあります。酒癖も悪いし、浮気もしているみたいで。私に何もいいことがないので、一緒にいるのがバカバカしくなって。過去につき合っていた人たちも同じ感じになって別れてきたので、もういい加減に、まともな人と一緒になって幸せになりたいです」

弘美「真帆さんは、男性とつき合うと母親になって、寄りかからせてしまうのかもしれませんね。パートナーシップにおいて、女性が母親のようになると、男性はどんどんダメになってしまうのです」

真帆「友だちからも、私が男をダメにしていると言われます」

弘美「ちょっと厳しく聞こえるかもしれませんが、『類は友を呼ぶ』と言うように、パートナーの成熟度合いというのは、実は、自分の成熟度合いと同じなのです。まずは、『ダメな男と一緒になる自分が、本当はダメな女だったのだ』、という見方をしてみることによって、幸せなパートナーシップへ近づいていけますよ」

真帆「私が母親になることで男をダメにしている、というのは納得がいくのですが、私がダメな女というのは、よくわかりません。働いているし、家事もきちんとやっているし、性格も悪いほうではないと思います」

弘美「真帆さんは社会的には、たしかにきちんとしているかもしれません。でも、なぜ、わざわざ『きちんとしている』のだと思いますか？」

真帆「そうしないと生きていけないし、嫌われてしまうじゃないですか」

弘美「誰に嫌われるのでしょう？」

真帆「みんなに嫌われて、一人ぼっちになってしまいます」

弘美「でも、真帆さんが今までおつき合いしてきた男性たちは、きちんとしていなくても、あなたから愛されていたのですよね？」

真帆「だけど、結果的には、みんな私に愛想をつかされて捨てられて捨てられています」

弘美「あなたからは捨てられたかもしれないけれど、おそらく今ごろ、他の女性にめんどうをみてもらって、一人ぼっちにはなっていないですよね。『きちんとしていないと孤独になってしまう』というのは、真帆さんのなかにある間違った思い込みなのです。一人ぼっちにならないためにそうしてきたのだとしたら、実は、本来のあなたはきちんとしていない人なのかもしれませんよ」

真帆「そうかもしれません。すごくショックです」

弘美「子どものころ、何かきちんとしなかったことで親にすごく怒られたことがありますか？」

真帆「部屋の掃除や宿題をしていなくて、よく叱られました。いつも泣きながらやっていた記憶があります」

弘美「子どもにとって親の存在は命綱ですから、そのときに『きちんとしないことは、ダメなことなんだ』『親に捨てられちゃう』と思い込んで、がんばっていたのかもしれませんね」

真帆「たしかに、きちんとしないのはダメなことだと思っています」

弘美「子どものころのダメだった自分を、おつき合いする男性たちが見せてくれていたのですね」

真帆「『ダメな男と一緒になる自分が、本当はダメな女だった』というのは、そういう意味だったのですね」

弘美「ダメな男に引っかかって、相手を悪者にして責め続けている女性はよくいますが、実は必ず自分自身のことと、何かしら関連しているのです」

真帆「相手のせいにしてしまう自分もダメですね……」

弘美「自分のダメなところ探しをするのではなく、ひとつひとつ許していくことが幸せへの近道です。自分を許せば許すほど、自由になります。自分が自由になると、人のことも許しやすくなりますから、人間関係が円滑になって豊かになります」

真帆「なんだか肩の荷が下りたような感じがして、とても楽になりました。私、子どものころに嫌っていた、厳しかった親と同じことを彼氏たちにしていたのですね。申し訳ない気持ちになってきました」

弘美「そういうことに気づきながら、被害者を卒業するのです。自分の人生に責任を持って、自分も相手も一緒に磨き合って成熟していくのが、健全なパートナーシップです」

真帆「私は、彼氏が成熟することを信じていなかったかもしれません。変わってほしいと願いながら、本当は変わるなんてまったく思っていませんでした。むしろ、きちんとしている自分を正当化するために、ダメでいてほしかったのかも。今まで、つき合ってきた男性たちに対しても同じだったと思います」

弘美「よい気づきですね！　相手が変わってしまったら、自分も変わらないといけませんからね。まずは、自分が幸せになると覚悟を決めることです。そうすれば、本来のパワーが戻ってきます。そこで改めて相手のことを見てみましょう。一緒に関係を育んでいこうと思うかもしれないし、これ以上一緒にいるのは、自分のためにも相手のためにもプラスにならないということに気づくかもしれません。別れるか、関係を育てるか、あなたが選べるのです」

真帆「今までは、相手がダメなせいで私が幸せになれないから、別れようと思っていたのですが、今は、お互いの幸せのために別れたほうがいいという気持ちです」

弘美「同じ別れの選択でも、動機が変わったのですね」

真帆「これまで彼と何度も別れようと思ってきましたが、うしろめたさや、やり残していることがあるような気がして、ずるずるしてしまっていたんです。でも今回は、自分の中に揺るぎなさのようなものがあるのを感じます。パワーが戻ってきて、自分の人生の責任をとるんだという意欲が出てきました」

弘美「パートナーシップは相手どうこうよりも、女性次第です。女性がリーダーシップをとることで、関係性の行方が決まってきます。それは、相手をコントロールすることではありません。お互いの幸せのために何を選ぶか、ということなのです」

真帆さんは、彼の母親になることで彼の人生を無意識のうちに背負おうとしていました。しかし、彼の人生は彼のものです。お互いの人生に健全な境界線を引くことで、対等な関係を築けるようになります。

本気で真実のパートナーが欲しいと望む真帆さんには、第2章でお伝えした「誠実で育てがいのある男性（50頁）」をおすすめしたのですが、一目惚れから関係がはじまることが多いという彼女は、男性を見る目に自信がないと言います。

そういう場合は「この人、どうかな」という男性に出会ったら、信頼のおける友人や相手の友人と食事をして、彼が友人たちにどのように接するか観察してみましょう。また友人に意見を聞くなどして、人の力を借りるのも効果的です。それが未来のパートナーシップの練習につながります。

パートナーシップは、究極を言うと、「相手が誰であっても同じ」なのです。女性の腕ひとつで、相手も関係も自分自身も、いくらでも変わっていきます。自分をどれだけ信頼できるか、相手をまるごと愛しているかにかかっているのです。

カウンセリング7

「長すぎた春」を終わらせて、彼に結婚を意識させるには

四葉「8年つき合っている彼氏がいるのですが、なかなか結婚してくれないのです。どうしたら、結婚してくれるようになるでしょうか？」

弘美「今の世の中、結婚にこだわらず、事実婚で素敵なパートナーシップを育んでいるカップルもたくさんいますが、四葉さんは籍を入れたいのですね」

四葉「そろそろ子どもが欲しいので入籍したいのです」

弘美「そのことを彼には伝えていますか？」

四葉「何度も話しているのですが、はぐらかされてしまって。何年も、ずるずるした

関係が続いているんです」

弘美「彼との普段の関係性は、いかがですか？」

四葉「うまくいっているほうだと思います。性格も趣味も価値観も合いますし、あとは結婚さえしてくれれば、文句なしって感じです」

弘美「私のまわりには、先に子どもができて、それで男性が観念して結婚したというケースもありますよ（笑）」

四葉「そんなこと、怖くてできません。もし本当にできて、彼が結婚してくれなかったらたいへんです。どうしたら、彼にプロポーズしてもらえるのでしょうか？」

弘美「もしかしたら、結婚に二の足を踏んでいるのは彼だけでなく、四葉さんも同じように、ためらいがあるかもしれませんよ」

四葉「そうでしょうか。私は出産のタイムリミットがあるから、早くしたいと思っているのですが……」

弘美「結婚したら何もかもが安心、大丈夫と思っていませんか？　四葉さんが結婚にこだわるのは、保障が欲しいからかもしれませんね。彼との関係性や自分に自信がないために、結婚という、わかりやすい『形』を求めているのではないでしょうか」

四葉「結婚を求めるのは、悪いことではないと思うのですが……」

弘美「もちろんです。ただ、そこに落とし穴がある場合があります。彼とのパートナーシップに自信がないことの穴埋めとして、結婚してほしいと言っている可能性があるのです。彼がはぐらかすのは、あなたの自信のなさを感じ取っているからかもしれません。あなたに愛されているのかどうか、彼も自信がないのです」

四葉「そうなんですね。彼のなかに私とは結婚したくない理由が、何かあるからだと思っていました」

弘美「彼が四葉さんと結婚したくないのだとしたら、それは、あなたが彼と本気でやっていく覚悟がまだ、できていないからかもしれません」

四葉「そうなんですか……8年も一緒にいるのに、私たちは何をしていたんでしょう……。お互いに同じ状況だったのですね」

弘美「では、『彼と本気でパートナーシップを育む』と今決めて、想像しましょう」

四葉「……自分で自分のことをコントロールできなくなりそうで、怖いです。自分が溶けてなくなってしまうような感じがします」

弘美「そうですね、誰かときちんと向き合っていくと、それまでの自分でいられなくなってしまうのは、よく起こることです。そうやってお互いに変化し、統合しながら成熟した関係を築いていくのです」

四葉「これが怖くて、お互いにずっと結婚を決意できずにいたのですね」

弘美「結婚したいと願いながら、なかなか結婚に至らない人は、『本当はパートナーシップを怖れている自分』に気づく必要があります。それを認めるプロセスを経れば、パワーが戻ってきて前に進めるようになりますよ」

四葉「こんなに怖がっている自分がいるとは思っていませんでした。さっき、先生が『結婚という形を求めている』とおっしゃった意味が、今はよくわかります。私は結婚の意味を勘違いしていたかもしれません」

弘美「多くの人が、そのように間違った理由で結婚してしまうのです。ほかにも、彼と本気でパートナーシップを育んでいく覚悟ができない理由がありそうですよ」

四葉「彼の人生の責任をとるのが怖いです」

弘美「彼の人生の責任をとるのは彼自身です。四葉さんがとる必要はありません。あなたがとるべき責任は、あなたの人生だけです。これも結婚やパートナーシップにおいて多くの人が勘違いしていることですね。彼との関係であなたが責任をとることがあるとすれば、『彼のことを愛し抜く』と自分に対して決めることです」

四葉「パートナーシップに対する恐怖が、少し軽くなりました。でも、いつか彼を失ってしまうのではないかと不安です。嫌われたり、浮気されたり、先に逝かれたりしないかと……」

弘美「結婚していてもいなくても、それは同じですよね。パートナーへの思い入れが強い分、失って傷つくのが怖いので、そうならないように最初から親密にならないでおく、というカップルや夫婦もいます。でも、浮気されたらどうしようと心配ばかりされるのは、男性は苦手です。それに、喪失感を避けるために相手に近づかないでいると、結局は、ぽっかりと穴が空いたような寂しさを、ずっと感じ続けることになりますよね。恐れを超えてパートナーとつながっていくと、いつか感じるかもしれない喪失感をはるかに超えた、思いがけないごほうびをたくさん受け取れますよ」

四葉「そんなことがあるんですね。未知の世界が楽しみになってきました。……あれ、パートナーシップを築くのが怖い理由がなくなってしまいました」

弘美「彼とやっていく覚悟ができましたか？」

四葉「はい、おそらく。今は、どうしてあんなに結婚にこだわっていたんだろうという感じです。結婚してもしなくても、彼と一緒に生きていきたいです」

弘美「四葉さん本来のパワーを取り戻せたようですね。これで、彼と本心でコミュニケーションをとる準備ができましたよ。パートナーシップの扉を開く鍵は、女性が握っています。あなたが今の正直な気持ちを彼に伝えることで、真実の方向へと加速するはずです」

四葉「結果はどちらに転ぶかわからないけれど、一緒にやっていきたいという気持ちを伝えてみたいと思います」

数日後、四葉さんから「彼が2人の将来を前向きに考えてくれて、結婚についても具体的な話し合いができるようになりました」というご報告をいただきました。結果に執着せずに手放して、自分の幸せとパートナーシップに対して覚悟をすると、プロセスが加速して真実が自然と目の前に現れます。

四葉さんの彼は結婚へと歩みを進めましたが、逆に距離ができてきて、別れることになるケースもあります。ショックかもしれませんが、長い眼で見れば、それはよい変化といえるはずです。どちらにしても、女性にとっては真実が明確になることで、晴れ晴れしい気持ちで新しい人生を歩めるようになるのです。

第4章

幸せな結婚を続ける極意（カウンセリング例）

カウンセリング8

夫の不倫①

「想像力の欠如」

パートナーに浮気や不倫をされて悩み苦しんでいる女性が、よくカウンセリングやセミナーにいらっしゃいます。

実は、浮気や不倫をされる女性も、する男性も、そこに関わるもう1人の女性も、共通の課題を抱えています。85ページのカウンセリング4で取り上げた「エディプス・コンプレックス」です。関係者の誰かが気づいて、「幸せになる」と決意すると、三角関係の問題から全員が抜け出せます。

私のところを訪れた理香さんのケースを、2回に渡るカウンセリングで紹介しましょう。理香さんは当初、悩みのあまりやつれ、表情も乏しくなっていました。

理香「夫が不倫をしたんです。もう信用できないので別れたいのですが、2歳の子どもがいるので生活のこともありますし、どうしたらいいのかわからなくて……」

弘美「ご主人が不倫をしたのは、いつからでしたか?」

理香「子どもが1歳のころでした。1年間くらいしていたようでした」

弘美「なるほど。夫婦の夜の営みのほうはどうですか?」

理香「妊娠してから、していないです。今も子育てが忙しくて、まったくそんな気になれません」

弘美「2年くらいセックスレスということですね。その間にご主人は求めてきましたか?」

理香「はい、産後1か月くらいのときに求めてきたので、『私がこんなにたいへんなときに、何を考えているんだろう』と夫の神経を疑いました」

弘美「求めてくるご主人に怒りを感じたのですね？」

理香「とても腹が立ちました」

弘美「そして、今はご主人がほかの女性と不倫をしたことに、怒っているわけですよね。ここでちょっと、違う見方をしてみましょう。『自分のことは全部わかっているというふり』をしてみてください。そして、もしわかるとしたら、あなたはどうして彼に浮気をしてほしかったのでしょう？」

理香「夫に浮気をしてほしいわけ、ないじゃないですか」

弘美「普通はそう考えますよね。でも、『起こった出来事は、実は自分が望んだことだったのだ』という見方をすると、物事が思いがけない方向に進む場合があるのです。今、理香さんの目の前には『夫と別れて、子どもと暮らしていく未来』と『夫を許して、夫婦関係を続けていく未来』という2つの未来が見えていますよね？」

理香「はい。でも、どちらも苦しそうなので、どうしたらいいのかわからないのです」

弘美「ですから、ちょっと違うものの見方をしてみることにチャレンジして、『第三の未来』を見つけることが効果的だと思うのですが、いかがですか？」

理香「『第三の未来』というのは、考えたことがありませんでした」

弘美「では、もう一度さっきの質問です。もしわかるとしたら、あなたはどうして彼に浮気をしてほしかったのでしょう？」

理香「……出産後、夫が求めてきたとき、『私の体のことをもっと大切に考えてよ』と思いました。それで、とても頭にきたんです」

弘美「ご主人が自分の性欲のことしか考えていなくて、理香さんのことを大切に思っていないことに怒りを感じたのですね。『私のことをもう少し大切にしてほしい』ということを、ご主人には伝えましたか?」

理香「妊娠していてたいへんでしたし、話していません。それくらいのことは、察してほしいです」

弘美「2人の関係の溝は、そこからはじまったのかもしれませんね。もしかしたら、理香さんが『私のことをもっと大切にしてほしい』と思っていたのと同じことを、ご主人も感じていたのかもしれません。男性にとってセックスのニーズというのは、女性が想像している以上に、とても大きなものなのです」

理香「でも、私も妊娠、出産、子育てと、ずっと心も体もしんどかったのに、夫のそんな要求まで叶える余裕はありません。やっぱり、夫の鈍感さに腹が立ちます」

弘美「ですから、お互いにコミュニケーションをとることが必要なのです。女性は妊娠中から自分の体が変化していきますから、柔軟に変わることができるけれど、男性は子どもが生まれても、自分が置かれている状況を把握できなくて、ただ『セックスをずっと我慢させられた』なんてのんきに考えていることもあります。どちらにしても、お互いに想像力が欠けていて、いたわり合うことができなくなっていたことに気づくことが必要ですよね」

理香「たしかに、夫にとって、そんなにエッチが重要だったとは思っていませんでした。でも、重要だからこそ、ほかの女性と不倫したんですよね」

弘美「そうやって、相手のニーズに気づいてあげると、2人の関係はずいぶんと変わってくるはずです。もちろん、自分のニーズに気づいて伝えることも大切ですよ」

理香「でも、どうやってコミュニケーションをとったらいいか、わからないんです」

弘美「私自身も、子どもが産まれたあと、夫からの要求に疲れたことがありました。それで夫に、『私はあなたのことを愛しているし、セックスがいやなわけではない。

でも今の状況ではそんなにはできない。肉体的にも精神的にも、いっぱいいっぱいだし、たいへんなの』ということを落ち着いて伝えました。

するると夫は、『よく見てみると妻は疲れた顔をしているし、機嫌も悪かったりするから、自分もできることはやっていかなければセックスも得られない』ということに気づいてくれました。そして、いろいろなことを少しずつですが、やってくれるようになりました。すると、私もセックスに気持ちよく応じることができるという、いいサイクルになっていったのです。

お互いのニーズを理解しながら、自分の気持ちを伝えるようにすると、コミュニケーションがうまくいきますよ」

理香「とても参考になりました。私も夫とのコミュニケーションにチャレンジしてみたいと思います」

弘美「ところで、理香さんは、今、自分のことをどれくらい幸せにしていますか?」

理香「自分を幸せに、ですか？」

弘美「そうです。わかるとしたら、自分のことを何パーセントくらい幸せにしているでしょう？」

理香「20パーセントくらいかな。私を幸せにしてくれるのは、夫ではないのですか？」

弘美「多くのカップルが、『パートナーが自分を幸せにしてくれるはずだ』と勘違いしています。だから、パートナーシップがうまくいかなくなるのです。まずは自分を幸せにすると決めることが大切です。あなたを幸せにできるのは、あなたしかいないのです。自分自身と結婚して『一生、幸せにする』と、自分に約束することが必要です。『私を幸せにする』と誓うことはできますか？」

理香「自分と結婚するなんて、考えてもいませんでした。なんだかとても勇気や覚悟がいりますね。自信がなくて怖くなってきました」

弘美「自分とは精神的に結婚していなかったのですね。ご主人と結婚したときは、いかがでしたか？」

理香「夫がプロポーズしてくれたので、こんな恐れや勇気は感じませんでした」

弘美「三角関係は、そこに関係する3人ともが『自分を幸せにする』という覚悟をしていないために起こります。だから、本当は3人とも幸せを感じられていないのです。もともと全員に覚悟がないので、誘惑があったのです。理香さんは自分を20パーセントしか幸せにしていないとおっしゃっていましたから、夫婦関係に80パーセントの誘惑が入ってくるということなのです」

理香「今までずっと、毎日、家で必死になっている私だけがみじめで、不倫をした夫や相手の女性は、いい思いをしてひどいと思っていたのです。彼らへの怒りや嫉妬でおかしくなりそうだったのですが、少しおさまってきた気がします」

弘美「今なら、自分自身と結婚して『私を幸せにする』と約束できますか？」

理香「はい、約束します……。私、なんだかとてもパワーが戻ってきたような感覚があります。人に幸せにしてもらうものだと思っていたのですが、逆だったのですね。ずっと幸せにしてあげなくて、自分自身にごめんねって思いました」

弘美「自分を幸せにしてはじめて、本当の意味で他者との関係を築いていくことができるのですよ。そこから、最初に提案した『第三の未来』が開けてきます。ご主人に対して、今どんな気持ちですか？」

理香「夫とは別れるつもりでいたのですが、今はちょっと違うような気がします。夫との関係はペンディングにして、自分のことを見つめてみたいと思います」

カウンセリング9

夫の不倫②「セックスレスの原因」

2か月後、ふたたびカウンセリングに訪れた理香さんは、別人のように、すっきりとした表情をしていました。

前回のカウンセリング後、理香さんは自分が幸せでいることに集中することで、少しずつ心に余裕ができ、ご主人と冷静にコミュニケーションをとれるようになったのだそうです。

そして、不倫関係を解消したご主人から、「もう一度、チャンスが欲しい」と謝罪されました。怒りや憎しみがだいぶなくなって彼を許すことができ、夫婦関係を新しい気持ちでやり直そうと決意することができたのです。ご主人も積極的に家事や育児をしてくれるようになり、2人の関係は改善したかのよう思えました。

しかし、理香さんの前に、また1つ、大きな壁が立ちはだかりました。

ご主人とセックスしようとすると、体が拒否反応を起こしてしまうというのです。

妊娠中や産後、育児中に夫との夜の生活に抵抗を感じるという女性は多く、よくカウンセリングやセミナーでも扱います。
この悩みにも、「エディプス・コンプレックス」が関係しています。
理香さんにも説明して、子どものころの両親との関係を見つめ直すことにしました。

弘美「ご主人との関係は、理香さんの子ども時代の両親との関係が影響していますので、根本解決のために、もう少し深く掘り下げてみましょう」

理香「両親との関係が、そんなに重要だとは思っていませんでした」

弘美「この世に産まれて最初に関わるのは、たいてい両親ですから、そこで人間関係にまつわる観念がつくられて、その後の人生に影響していくのです」

理香「私と夫の関係が私の2歳の息子にも影響を及ぼしている、ということですよね?」

弘美「そうです。ですから、もし理香さんのなかに不必要な思い込みがあれば、気づいて手放すことで、息子さんとの関係も彼の将来も大きく変わっていきますよ」

理香「息子のためだと思えば、意欲が湧いてきます」

弘美「では、子どものころの理香さんは、両親とどのような関係を築いていましたか？」

理香「仲が良かったと思います。でも、私が小5のとき、父に愛人がいたことが発覚して、家を出て母と離婚してしまったので、そのころから父が嫌いになって距離を置くようになってしまいました」

弘美「昔の父親の姿を、ご主人が再現していたのですね。理香さんはご主人と、よりを戻したわけですが」

理香「夫の不倫が発覚したとき、『やっぱり……』と思いました」

弘美「『やっぱり』という思いが湧いてくるということは、『男は浮気や不倫をするもの』という思い込みがあったということですね」

理香「そもそも浮気をしない男性って、いるんでしょうか?」

弘美「私のまわりには、何十年も奥さんだけを愛し続けている男性が多くいますよ」

理香「私の夫にも、そうなってほしいです」

弘美「それは理香さん次第です。ご主人は浮気をしたかもしれませんが、これから浮気をしない、理香さん一筋のパートナーに変身する可能性は十分にあります。もう少し、両親との関係をみていきましょう。理香さんが子どものころ、両親とは、どんな生活を送っていましたか?」

理香「父は仕事が忙しくて帰ってくるのが遅かったので、いつも母と一緒にいました。母は仕事と家事と子どもの世話でたいへんそうでしたから、私が手伝っていました。しかも、父に愛人がいたことがわかったので、母から父の愚痴も聞いていました」

弘美「父親が悪者で、母親と理香さんは被害者という感じだったのですね。理香さんは母親の味方のつもりだったのかもしれませんが、実は、それは『癒着《ゆちゃく》』といって、健全な絆の関係性ではないのです」

理香「そうなんですか？　私は母と仲が良くて、いい関係を築いていると思っていました」

弘美「表向きはそうですね。誰か1人、理香さんの場合は父親を悪者にして、母親と2人で結託することでつながるのは、典型的な癒着の形です。本来なら、父親を悪者にしなくても、母親とつながることはできるはずなのです」

理香「父の愚痴を言い合っているとき、母ととてもつながっているような感じはしていたのですが、居心地の悪さや、罪悪感みたいなものも感じていたのは、たしかです」

弘美「『両親から平等に愛を受け取ることはできない』という勘違いの思い込みがあると、どちらかの親と癒着しやすくなるのです。父親の不倫が発覚した小5のときに、彼のことを嫌いになったということでしたが、幼少期は、どう思っていましたか？」

理香「父のことが大好きでした。実家のアルバムにも、仲良くしている写真がたくさんあります。2人で公園や動物園で遊んでいたり、肩車されていたり、手をつないでいたり、ラブラブなものばかりです」

弘美「では、そのころの母親との関係はどんな感じでしたか？」

理香「しつけが厳しかったので、父に比べると距離がありました。パパっ子でしたね」

弘美「これは私の推測なのですが、おそらく、そのころにエディプス・コンプレックスが起こっていたのではないかと思います。エディプスの特徴は、異性の親を同性の親と取り合って勝つか負けるかというところなんです。つまり、理香さんと母親で、父親を取り合って、おそらく理香さんが勝ってしまったのではないかと思います」

理香「母親から父親を奪うって、すごいですね……。なんだか不倫みたい」

弘美「実は私たちの多くが、最初の恋愛はたいてい『不倫』なのです。子どもは両親のことが大好きですよね。でも、たとえば娘の場合、彼女は父親のハートをわしづかみにしてしまったわけですから、母親は夫を取られたと感じて、ハートブレイク（34頁）を起こす可能性があります。

そして、私たちは、母親から父親を取った罪悪感が強すぎると、それを自分に隠すために父親を追い出して、母親と仲良くする、ということを無意識にしてしまうのです。さっきお話した、母親との『癒着』は、そういう経緯から生まれたものだったのかもしれませんね」

理香「子どものころの私、ずるいですね」

弘美「多かれ少なかれ、幼少期の誰もの心の中で起こっていることなので、自分を責めないことが大切です」

理香「でも、父が愛人をつくって出て行ったのは、私のせいということですよね？」

弘美「というよりも、エディプスがあったために、自分が父親を遠ざけた、ということなのです。人は罪悪感が強すぎると、それに耐えられなくてほかの人に押しつけることで、自分を正当化して守るということをしてしまいます」

理香「愛人をつくった父が悪いとずっと思っていましたけど、もとを正せば、子どものころに、私が父の愛人のようになっていたんですね」

弘美「父親のパートナーは、本来母親ですから、それを自覚する必要がありますね。

イメージのなかで、父親を母親に返しましょう」

理香「頭ではわかりますが、心が追いつきません。『父は私のもの』と思っていたのですね。ショックなのと、なんだかすごく悔しいです。返したくないって思ってしまいます」

弘美「その悔しさを超えていきましょう。母親に父親を返しても、あなたに対する父親の愛や絆は変わらないのですから。愛はみんなに十分にいき渡っているのですよ」

理香「そうですよね、愛は無限だし、みんなそれぞれと愛し合えばいいんですよね。それなら、父親を母親に返してもいいかなという気になってきました。返します」

弘美「ご主人とセックスができないというのも、彼に父親の姿を映しているからかもしれません。私たちはパートナーと家族になって関係が近くなると、相手のなかに親を見てしまうようになるのです。子ども時代の、父親への恋心を隠ぺいしようと父親を遠ざけたように、ご主人に対しても同じことをしているのかもしれないですね」

理香「夫とエッチすると想像しただけで気持ち悪いと感じて、拒否反応が起きていたのは、そういうことだったんですね。私はどうしたらいいのでしょうか」

弘美「イメージのなかで、ご主人の顔に貼りつけた父親の仮面をはがしましょう」

理香「夫に対して、とても家族的な感情があったのですが、それは父に対する気持ちと同じだったみたいです」

弘美「そして、もう一度、ご主人を男性として見てみましょう。初めて出会ったころのことを思い出しましょう」

理香「ああ、出会ったころ、夫はとても魅力的でしたし、私もときめいていました」

弘美「ご主人はその魅力を、今でも持ち続けています。理香さんも彼の魅力をこれからもずっと、存分に楽しんでいいのですよ」

理香「イメージのなかの夫の顔が、明るくなったような気がします」

弘美「毎日、ご主人に貼りつけた父親の仮面を、はがすイメージを描くといいですね」

理香「はい。そういえば、うちの夫も、私と息子がラブラブしていると、機嫌が悪くなることがあるんです。年がいもなくヤキモチを焼いてるって、おもしろがっていたのですが、もしかしたら、それもエディプスでしょうか？」

弘美「そうですね。息子さんは、ご主人から理香さんをすでに奪ってしまっていたのですね」

理香「私も、夫よりも息子とラブラブしたかったのだと思います。それで夫を追い出してしまったのですね……。私が間違えていました。ちょっと混乱しています。どうしたらいいのでしょう」

弘美「どちらか一方を選ぶのではなくて、両方を選んでもいいとは思いませんか？　さっき、両親2人から愛されてよかったのだと気づいたように、息子さんもご主人も両方を愛していいし、愛されていいのです」

理香「そうですよね、なんでこんなに簡単なことがわからなかったんだろう……」

弘美「自分を幸せにすると決めていなかったからです。三角関係は、誰もが自分を幸せにすると決意していないことから起こるとお話しましたが、自分を愛して幸せなら、誰かと愛を取り合う必要もなくなりますよね」

理香「両親も、私も夫も息子も、みんな自分を愛していなかったということですね。

親子3代の世代連鎖ですね……。息子のことはどうしたらいいでしょう。将来、浮気する男になってしまいます」

弘美「理香さんが自分の幸せを選んで愛していれば、それが自然と息子さんに伝わって、息子さんを、父にも母にも愛されている幸せな男性に育てることができますよ。

息子さんが自分を幸せにしていれば、将来、彼女や奥さんができたとき、浮気や不倫をする必要がなくなります。満たされているわけですから。もちろん、それはご主人も同じですよ。理香さんが自分からあふれた幸せをおすそ分けしたくなれば、してあげればいいのです。それが健全なパートナーシップですよね」

◆コラム◆

夫婦は名前で呼び合おう

男性が妻に対して、性的魅力を感じられなくなったというセックスレスの相談もよく受けます。

その場合、男性は外で浮気や不倫などで性欲を発散して、妻がセックスレスと三角関係に悩んでいるケースが多いです。仲は良いのにセックスには興味がないというケースもあります。

原因は、理香さんと同じ、エディプス・コンプレックスにあります。

男性が妻に自分の母親の面影を見ていることで、潜在意識が「母親とセックスするなんてとんでもない」と判断してセックスレスに陥るのです。妻が妊娠、出産したり、子育てをしたりしている姿を見ているうちに、母親と錯覚して妻を女性として見られなくなってしまうのです。

エディプス・コンプレックスによるセックスレスを回避するには、夫は「妻は、自分の母親ではない」、妻は「夫は、自分の父親ではない」と、パートナーに貼りつけた親の仮面をはがし、もう一度、お互いに女性と男性として見ることです。

子どもができると、お互いを「お父さん、お母さん」「パパ、ママ」と呼び合う夫婦がとても多いのですが、それもセックスレスを招く要因の1つになります。潜在意識には、言葉どおりに信じてしまうという習性がありますから、「この人は僕のお母さんなんだ」と刷り込んでしまうのです。

子どもがいてもいなくても、なるべくお互いのことを「名前で呼び合う」習慣を持ちましょう。

パートナーへの敬意と尊厳が保たれて、いつまでも新鮮な関係性を築くことができるでしょう。

カウンセリング10

仕事と育児の両立に自信がない

玲奈「夫から『そろそろ子どもが欲しい』と言われて困っています。最近、責任ある仕事を任されるようになったので、楽しいし、やりがいも感じているんです。でも、仕事と育児の両立ができる気がしないので、子どもの話になると気まずいのです」

弘美「玲奈さんは、もともとお子さんは、欲しくないのですか？」

玲奈「そういうわけではないのですが、積極的ではないかもしれません」

弘美「では、仕事も楽しくできて、子どもとの生活も満たされているという将来があるとしたら、産みたいと思いますか？」

玲奈「そんな器用なこと、実際に可能なんですか？　私の友だちや同僚はみな、子どもを産んだら、仕事を辞めたり、仕事のスタイルを変えたりしています。でも、私は、それはいやなんです。子どもを理由にキャリアを手放したくありません。

それに、出産するまで仕事を続けられるのかとか、産んだあとどうなるんだろうとか、いろいろ考えると尻込みしてしまいます。夫は自分が産むわけではないので、仕事のペースは変わらないし、そういうところまで深くは考えていない感じで……。女って損だなと思うんですよね」

弘美「玲奈さんは、仕事やキャリアを大事にしているけれど、実は子どものことも、とても意識していますよね」

玲奈「そうですね、言われて気づきました。女性に生まれたからには子どもを持ちたい、という気持ちもあるのだと思います」

弘美「男のきょうだいはいますか？」

玲奈「弟がいます」

弘美「両親は、あなたと弟をどのように育てたのでしょうか？」

玲奈「私は長女で、自分で言うのもなんですが、とてもしっかり者で、自分でなんでもできる子どもでした。だから、放っておかれても大丈夫と思われていて。両親は弟をかわいがっていたというか、ひいきしていたように感じていました」

弘美「どんなことをしていたのですか？」

玲奈「家族でステーキハウスに出掛けたら、弟がたくさん食べているのを、母がうれしそうに眺めながら『これも食べなさい』と言って、自分の分を取り分けてあげたりとか。私や妹にはそんなこと、ぜんぜんしてくれませんでした。父は普段お酒を飲まないのに、弟が産まれたときに、めずらしく酔っ払ってご機嫌で帰ってきたそうです。その話を子どものころに母から聞かされて、『男の子が産まれると、そんなに喜ぶものなんだ。私が産まれたときはそうでなかったのかな』と思っていました」

弘美「家族中の注目が、弟に集まっている感じだったのですね」

玲奈「そうですね。それが悔しくて、私は負けないように勉強も運動も、なんでもがんばろうと一生懸命でした」

弘美「玲奈さんは、弟よりも自分のほうが優秀だったと思いますか？」

玲奈「はい。弟は勉強もあまりできなかったし、気も利かない子でした」

弘美「大人になってからは弟に対して、どんな感情を持っていますか？」

玲奈「普段は、もう悔しさは感じなくなりましたが、弟が結婚して子どもが産まれたときは複雑でした。いいなと思いましたし、負けたような悔しい気持ちもありました」

弘美「玲奈さんは、弟が産まれたときからずっと競争をしてきたのですね。もしかするとご主人のことも弟のように見て、知らず知らずのうちに、精神的に競っている部分があるかもしれません。子どもが生まれてもご主人は変わらなくていいけど、女の私は損だと言っていましたよね」

玲奈「そうですね、弟や夫を小バカにしているところがあるかもしれません」

弘美「男性を小バカにしているのは、その気持ちの下に、『女性の自分は、男性より下で価値がない』という男尊女卑の意識がもともとあるということです。だから、弟よりも優秀になって彼を見下そうとしていたわけです。そうすると、『男はバカだ、だけど優遇されて得だ。女の私は、出来がいいのに損をして悔しい』という複雑な気持ちになりますよね。

今の日本社会はとても男性的です。上昇志向や成果主義が大事にされていて、育児はそのシステムに溶け込めていません。でも、実は子どもを育てるということは、一大事業なのです。未来の若い人材を育む日本という国の視点で考えたとき、最初に育てるのは両親です。玲奈さんは、自分の『女性性の価値』を認めてこなかったのかもしれませんね。人生の幸せや成功を見るとき、地位や収入など、男性的な尺度ではかっているところはありませんか？」

玲奈「とてもあると思います。母は専業主婦で、1人では生きていけないので、父に依存的でした。そのせいか、理不尽な父の言動をいつも我慢していて、とてもつらそうで。『私はあんなふうにはなりたくない。社会で活躍して成果を出してやる』と思っていました。今、先生がおっしゃったような視点は、まったくありませんでした」

弘美「母親に対して批判がありますね」

玲奈「そうですね。どうして自分の力で生きていこうとしないのかなって、とても不思議でした。ずっと苦しそうだったので」

弘美「では、玲奈さんはいかがでしたか？　キャリアを持って自力で生きてきたわけですよね」

玲奈「母よりは自由な気はしますが、男の2倍がんばらないと認められないので、私は私で母とは違う苦労をしてきたと感じています」

弘美「そこには、さっきもお話した『女は地位が低い。男はバカだけど、女より偉い』という男尊女卑の意識がありますね。その思い込みがあると、仕事と育児の両立は手に入らないのです。男性優位のシステムに負けて、仕事だけの人生のキャリアウーマンになるか、キャリアをあきらめて子育てをするか、どちらかになってしまいます。そうなると、男性に勝っても、依存的になって負けても、どちらも苦しくなるのです」

玲奈「たしかに男性に勝てても、どこか苦しかったです」

弘美「男性に勝とうとがんばっていると、全部、自分1人で考えてやらなければなりませんからね。玲奈さんはせっかくご主人と結婚しているのに、自分の気持ちをあまり分かち合っていないようですね」

玲奈「言ってもむだだとあきらめています。旦那をバカにしているから、言えないのかもしれません」

弘美「ご主人の両親は仕事をしていましたか？」

玲奈「はい、共働きでした」

弘美「ご主人は、両親が夫婦で仕事をしている姿を見ていますから、あなたに輝いていてほしいと思っているのではないかしら。仕事と育児の両立のヒントを彼が持っているかもしれませんよ。自分の気持ちを伝えてみてはいかがでしょう」

玲奈「そういえば、今までそういう会話をしたことがなかったです。自分のなかだけでぐるぐる考えていました」

弘美「子どもは授かりものですから、産もうと思ってできるとはかぎらないし、妊娠率は歳をとるごとに落ちていきます。時代や科学は進んでも、女性の閉経の時期や子どもを産める時期は、昔とそんなに変わっていないわけですから、早くコミュニケーションをとれるといいですね」

玲奈「ちょっと勇気が必要です。具体的に、どういうふうに話したらいいでしょうか」

弘美「たとえば冗談っぽく『あなたがそんなに子どもが欲しいんだったら、産んであげようかな～。だけど、まわりの人は、家事も育児も仕事も両立するのがたいへんだと言っていて、私はとても不安で怖いんだけど、あなたはそれをどう思う？　子どもができたら、そのあとの生活はどうなるのかな？』と聞いてみるとか。そうしたら『僕の会社には育休があるよ』とか、新しいアイデアが出てくるかもしれないですよね」

玲奈「まわりの友だちや同僚にそういう人はいなかったですし、みんな子どもができたら仕事を辞めてしまうので、気にしたこともなかったのですが、たしかに男性の育体がある会社が最近、増えていますよね。夫に聞いてみようと思います」

弘美「あなたに子どもができてから、『うちの夫は何も手伝ってくれなくて、ずっとぐうたらしていて思ったとおりだわ。だから子どもはいやだったのよ』なんて言うこともできるわけです。でも、今のうちからご主人とコミュニケーションをとって、出産や育児を具体的にどうしていくか、2人で思い描いて、彼がいい父親になれるように準備することもできるのですよ」

玲奈「そうですね、今からコミュニケーションをとって一緒に考えていきたいです」

弘美「あなたはこれまで、子どもを産んだら仕事をあきらめた女性たちしか見ていなかったかもしれません。でも、たとえば、私は3人の子どもを産んでいるけれど、いろんな人のサポートを受けながらずっと楽しく仕事をしていますよ。たいへんなこともたくさんありましたけれど」

玲奈「そんな人、まわりにいなかったので、とても励みになります」

弘美「子どもは、夫婦2人だけでなく、たくさんの人の手を借りて育てていくということですよね。子育てに正解はないですし、完璧にはできないのだから、『何が一番、大事なのか』ということを、そのときどきで選んでいくことが大切です。あなたとご主人の両親も、孫がいたらいいなと思っているんじゃないかしら」

玲奈「そうですね。両親たちに助けてもらってもいいんですね。なんでも自分1人でやることが癖になっていました」

弘美「子どもを預けるにしても、1歳や2歳になってからというよりも、もっと小さいときからいろんな人に愛してもらうほうが、その子にとっても豊かな人生になりますよ。『人に助けてもらうのが上手になる』というのが、女性性のギフトの1つなのです。それをすればするほど、自分も効果的に人に与えられるようになれます。

今の仕事のペースを落としたり、職種を変えたりしても、あなたが女性としてキャリアウーマンとして母親として、輝く道はあります。職場でも1人でがんばらないで、今のうちからコミュニケーションをとったり、お願いをしたり、お礼を言ったり、謙虚に理解を求める努力をしたりしていくと、女性性を育てていくことができますよ」

玲奈「勝手に自分を制限して、自分が見聞きしてきた情報しか信じていませんでした。テレビでも育児に協力的な男性タレントとかよく見ますけど、自分のこととして、考えていなかったかもしれません。夫はそういう意味では可能性があると思います」

弘美「彼はあなたのことを愛していますよ。夫が子どもを欲しがるというのは、妻に対する愛の表現です。いろんな視点で見てみて、子どもをどうするかということについて、ご主人とコミュニケーションをとる、ということも女性性です」

玲奈「私の人生には、女性性が足りていなかったんですね」

弘美「女性性を発揮していくというのは、あなたにとって勇気がいることかもしれません。ご主人に『子どもなんていやよ、私は仕事がおもしろいんだから』と言っているほうが楽でしょう。でも、あなたのなかに葛藤《かっとう》があるのですから、そういう部分もご主人に見せていくのが、夫婦が近づく、いいきっかけにもなりますよね」

玲奈「さっそくコミュニケーションをとって、自分の気持ちを伝えてみます」

弘美「そのうえで『私は子どもは欲しくないんだ』と思えば、それでいいですし。私が一番残念に思うのは、ご主人とコミュニケーションをとらずに、取り返しのつかない年齢になってから、やっぱり子どもを産んでみたかったと後悔することです。ならば今、コミュニケーションをとったほうがいいですよね」

カウンセリング11

価値観や生活観のすれ違いで、よくケンカをしてしまう

美雪「夫と、部屋の掃除や片づけのことでケンカが絶えなくて、いつも平行線です」

弘美「たとえば、どんなことでケンカになるのでしょうか？」

美雪「飲み終わった空のペットボトルや使用済みのティッシュが、テーブルやベッドサイドに放置されていたり、お風呂上がりに使ったバスタオルがソファに置かれていたりして、私が『片づけてよ』と言うと、ため息をつきながら、しぶしぶ立ち上がる感じです。自分が使ったものくらい、自分で片づけてほしいですし、もう子どもじゃないんだから、私もそういうことをいちいち言うのは疲れてしまいます」

弘美「そのことについて、夫婦でコミュニケーションをとったことはありますか？」

美雪「何度もしました。共働きで私も忙しい時期があるのですが、そういうときに『掃除してくれる？』とお願いしても、『俺は気にならないから大丈夫』なんて言うんです。そういうことではなくて、私は部屋が汚れていると落ち着かないので、きれいにしておきたいのですが、忙しいとできなくて。そういうときにかぎって散らかりが気になりますから、どうしても夫に掃除してもらいたいのですが、夫は『俺は平気』の一点張りで、噛み合いません。いつも私ばかりが家の掃除や整理整頓をしていて、不公平な気分になります」

弘美「あなたは部屋がきれいでないとリラックスできない、ご主人は多少散らかっていてもくつろげるという、衛生観念の違いがあるのですね。部屋をきれいにしないご主人のことを、間違っているとかダメだとか思っていますか？」

美雪「はい、結婚して一緒に生活しているのですから、生活空間を気持ちよく保つのは、お互いの責任だと思うのです」

弘美「でも、ご主人はそういう自分に問題を感じていないわけですよね。ちょっと耳触りが悪いかもしれませんが、問題というのは、それを発見した人、疑問を感じた人に解決の能力があるのですよ」

美雪「結局、私が我慢して掃除や片づけをしないといけない、ということでしょうか？」

弘美「そういう意味ではありません。問題を見つけた側が、解決に導く道筋をつくれるということなのです。

もしかしたら美雪さんは、パートナーシップの幸せを選ぶことよりも、自分の正しさを押しつけることで、損をしているのかもしれません。ご主人との関係で、何が一番大事なことなのか、初心に立ち戻って考えてみましょう。美雪さんは、なぜご主人と結婚することにしたのですか？」

美雪「それはもちろん、『一緒に幸せになるため』ですが、生活していると細かいすれ違いや不満は、どうしても出てきてしまいますよね」

弘美「それでも、『お互いの幸せ』を最優先にすることで、コミュニケーションのしかたが変わってくるのです。正しさを握りしめていると、パートナーシップをはじめ、人間関係や仕事もうまくいかなくなってしまいます。美雪さんは部屋の掃除や片づけのことでご主人に不満を感じていますが、逆に、ご主人があなたに文句を言うことも、あるのではないですか？」

美雪「夫はお酒を飲まないせいか、私が酔っ払うと、とても機嫌が悪くなります。家で友だちと気持ちよくお酒を飲んで、そのままソファに寝てしまうことがあるのですが、翌日はいつも大ゲンカです。『風邪をひいたら困るだろ』とか言うんですが、本心では、私がだらしなくなることが、いやなんだろうなと感じます」

弘美「そういうことは、ほかにもありますか？」

美雪「2人で出掛けるとき、準備に時間がかかって用事に遅れてしまうと、文句を言われますね」

弘美「でも、あなたはそのことに、特に問題を感じていないわけですよね？」

美雪「時間にルーズといっても夫よりも少しゆるいくらいで、大遅刻して誰かに迷惑をかけることもないですし、お酒を飲んで外で失敗することもありませんから」

弘美「外では迷惑はかけないけれども、家のなかではご主人は不機嫌になるという点では、深雪さんの掃除や片づけと似ているかもしれませんよね」

美雪「なるほど！　文句を言う対象が違うだけで、お互いに相手に対して、だらしないことに怒っているんですね」

弘美「そうです、そこに気づくことができたのは、すばらしいです。そうすると、相手ができないことを許して、お互いの幸せのためにコミュニケーションをとろうという意欲が湧いてきませんか？」

美雪「はい。自分の正しさを押しつけることの不毛さがわかってきた気がします。でも、実際に、どのようにコミュニケーションをとればいいのでしょうか」

弘美「片づけや掃除のことでいうなら、まず、お願いのしかたを変えましょう。『どうして私ばかり、やらないといけないの！』と文句を言いながら、『片づけて』とお願いしても、相手は聞く気になれないと思うのです」

美雪「私も文句を言われながら、『もっと早く準備しろ』とか『酔っ払ってソファで寝るな』とか言われても、頭にきてしまうので言うことを聞きませんね」

弘美「お願いは、作業を一緒にしながらしていくと効果があります。たとえば、私があるお宅で食事をご馳走《ちそう》になったとき、食後に、家族みんなが食器の汚れをティッシュで拭き取ってからシンクに運んで水に浸けていて、驚いたことがありました。奥さんに聞くと、食後すぐに『みんなも一緒にこうしてくれると洗いやすくなるから、助かるわ』と言いながら、自分がダイニングテーブルで実演して見せていくうちに、少しずつ家族もやってくれるようになったのだそうです。そういうふうに、いかに相手が気持ちよく参加できるか、ということを考えながら一緒にやることで、やる気が出るようになることがあるのですよね」

美雪「そういえば、うちは洗濯ものの干し方がそうでした。結婚したてのころ、夫が洗濯ものを干すと、しわを伸ばさないので乾いたらくしゃくしゃで。一緒に洗濯ものを干すときに『こうするとしわが伸びて、着るときに気持ちがいいんだよ』と言いながら干していたら、だんだん真似してくれるようになりました」

弘美「すでにもう、コミュニケーションが成功していたじゃないですか。それを片づけや掃除に応用すればいいのです」

美雪「でも、なぜかそのことに関しては、自信がなくなっています」

弘美「それは今まで、正しさを握りしめていたからかもしれませんね。自分の正しさを少しずつ手放しながら、生活環境に工夫のアイデアを入れて間接的にコミュニケーションをとっていきましょう。たとえば、ご主人がよく使う生活空間、テーブルの横やベッドサイド、お風呂や脱衣所、リビングでも彼がよくいる場所に、小さなゴミ箱を用意して置くだけでも、ずいぶん変わってくるのではないかしら」

美雪「たしかに、うちはゴミ箱の数が少ないほうかもしれません。そうですね、夫がよくいる場所にゴミ箱を置けばいいんですね」

弘美「限界まで汚れてしまってから『片づけて』と言うのは、相手にとっても重荷になるし、あいまいで伝わりにくいのです。散らかる前に少しずつ先手を打って、明るくお願いしていくことですね。洋服が脱ぎ散らかされていたら、『お風呂に入るときのついででいいから、持っていってね』とお願いしてみたり、テーブルが彼の小物で散らかるようだったら、『あなた専用の小物入れを用意してみたわよ』とか、機転を利かせて、自然と生活習慣が変わるような工夫を取り入れるといいですね。タイムラグに対して忍耐を持つことも必要かもしれません」

美雪「『あとでやろうと思っていたのに、文句を言われたから、やる気がなくなった』とよく言われます」

弘美「ご主人も、片づける気がまったくないわけではない、ということですよね。美雪さんのほうがきれい好きですから、いつもの生活空間との違いに早く気づいてしまうのでしょう。それは、あなたの才能として、自分のためや2人のための部屋づくりに活かして、ご主人のペースを観察して尊重してあげることも大切ですね」

美雪「忍耐は、私にとって課題ですね」

弘美「忍耐強さも、女性性の性質の1つですから、自分の幸せのためと思ってチャレンジするといいですね。そして、もし相手がそのとおりにやってくれたら、『すごい！』と褒めたり、『ありがとう、やってくれてうれしいわ』と、感謝を伝えることです」

美雪「褒めたり、感謝したりは、あまりしていませんでした」

弘美「男性は基本的に、褒められたり、感謝されたりするのが大好きです。褒めるのは上から目線なところがありますから、言い方に工夫は必要ですが、してくれたことを喜び、感謝することは対等ですから、いやがる男性はいないでしょう。片づけや掃除以外でも感謝を日常的に伝えると、パートナーシップがどんどん円滑になりますよ。

けれど、お願いしたからといって、相手が必ず思いどおりにやってくれるわけではない、ということを念頭に置いておくことも大事ですね。感謝をたくさんしていくことで、あなたの気持ちや環境が変わったり、もしかしたら彼が少しずつ、やってくれるようになることもあるかもしれません」

パートナーシップにおいて、価値観や生活観のすれ違いの悩み相談は、あとを絶ちません。「食べものの好みの違い」「早起き・遅起き」「インドア派・アウトドア派」「社交的・非社交的」「ポジティブ・ネガティブ」など、お互いの正反対な性質がもとになって対立が起こり、関係の溝が広がっていきます。

そのとき、「自分が正しくて、相手が間違っている」という視点でいると、うまくいきません。「自分の正しさ」を手放して、真実のコミュニケーションをとりましょう。

相手を言い負かして自分の思いどおりに動かすのではなく、お互いがわかり合うために、「本当に相手を理解したい」「自分の本当の望みはなんだろう」と見つめようとする気持ちが大切です。

価値観や生活観の違いの対立が浮上すると、別れを選択するカップルも多いです。しかし、対立が起こるのは、「お互いの違いを受け入れて、統合していくチャンス」が訪れているというサインなのです。

対立を乗り越えることができると、それまで体験したことのない、新しいパートナーシップのステージへの扉が開くことでしょう。

カウンセリング12

夫婦間の、お金にまつわる問題を解決したい

祥子「旦那が私に自由にお金を使わせてくれません。彼はサラリーマンで、私は普段は主婦で、週に3日、パートとして働いています。私は収入は少ないですが、家事もきちんとやっているし、何かおかしいと思うのです」

弘美「お金を使わせてくれないというのは、具体的にどのような感じでしょうか？生活費も入れてくれないのですか？」

祥子「家賃や光熱費や年金など、生活のベースは旦那の引き落としで支払ってくれているのですが、食費や日用品、クリーニング代など、日常の生活費は私が払っています。それで私の収入は消えてしまうので、自分の好きなものはまったく買えないんです。旦那にお小遣いちょうだいと言っても渋るので、不満でいっぱいになります」

弘美「それぞれ自分でお財布の管理をしているのですね。結婚して一緒に暮らしはじめるとき、お金について話し合いましたか？」

祥子「私たちは長い間、同棲をして、その流れで結婚しました。同棲していたときは私も会社で働いていて、お互いに収入に余裕があったので、お金について話したことはありませんでした」

弘美「祥子さんはなぜ、仕事を辞めたのですか？」

祥子「子どもが欲しくて、妊活のために辞めました。でも、旦那の給料だけではやっていけないので、私が無理のない範囲でパートに出ることにしたのです」

弘美「では、今がお金についてコミュニケーションをとるタイミングということですね。子どもが生まれてからも今の状態では、苦しくなってしまいますよね。
ところで、普段、祥子さんはご主人に対してどのように接していますか？　彼がしてくれたことに毎日、感謝を伝えたり、笑顔でいたりしますか？　それとも口うるさいほうでしょうか？」

祥子「うーん、正直言って、機嫌悪く文句を言っているほうだと思います」

弘美「たとえば、どんなことでしょう？」

祥子「『帰りが遅いときは連絡してよ』とか、『休みの日にいつまでもだらだらと寝てないでよ』とかですかね」

弘美「ご主人の気に入らないところをたくさん指摘しているのですね。夜の生活のほうは、どうですか？」

祥子「旦那はよく求めてくるのですが、私はあまり性欲がないので、セックスレス気味かもしれません」

弘美「なるほど。普段の2人の関係や生活においては、祥子さんがパワーを持ちすぎているのかもしれません。お金のことは一度、脇に置きましょう。お互いのパワーバランスとして、祥子さんは何パーセントくらいパワーを持っていると思いますか？」

祥子「65パーセントくらいでしょうか」

弘美「ということは、ご主人のパワーは35パーセントということになりますね。祥子さんのほうがパワーを持っているために、ご主人はお金の主導権を握ることで、仕返ししているのかもしれません」

祥子「私、旦那に意地悪されていたんですね！」

弘美「ご主人は意地悪しているつもりはないと思いますよ。パートナーシップに限らず、人間関係というのは、お互いのパワーバランスをとろうと自然とコントロールするものなのです。その証拠に、あなたが普段、彼に文句を言うのは意地悪したいからではないでしょう?」

祥子「だらしがないので、いらいらして、つい言ってしまう感じです」

弘美「ご主人も同じだと思いますよ。それに、彼はお金に関して何か不安なことがあって、それで気前よく祥子さんにお小遣いをあげられないのではないかしら」

祥子「たしかに旦那はいつも『お金がない、お金がない』と言っています。私のほうがよほどないのに。おかしなことを言うなって内心、思っています。貯金しなきゃとか、将来に備えなきゃ、とも言っていて、なんだかとても窮屈になってしまうんです」

弘美「お金をはじめ、人生に対して祥子さんのほうが楽観的で、ご主人のほうが悲観的な傾向があるのですね」

祥子「そうですね。将来のことをどれだけ考えて貯金したって、今、幸せじゃないのなら、意味がないんじゃないかなと思います」

弘美「そう思ったときにあなたがご主人にすることは、文句を言って責めることではなく、安心を与えてあげることなのです」

祥子「でも、私にはお金がないので安心させられないし、『どうにかになるよ』と励ましても、『君は稼いでないんだから、説得力がない』と怒られてしまうんです」

弘美「お金に関する安心ではなく、普段の生活や人生に対しての安心です。あなたが普段からご主人に文句を言うと、彼には安心するスペースができません。彼は、祥子さんが思っている以上に、自分自身や人生、あなたとの関係に不安や恐れを持っていて、何があっても大丈夫なように、将来の蓄えに精を出しているのかもしれません」

祥子「私が文句を言うのをやめればいいのでしょうか？　でも、そうすると今度は、私がストレスを溜めてしまいそうです」

弘美「『自分が正しい、相手が間違っている』という価値判断を手放して、ご主人の要求になるべく応え、日常生活に潤いを持たせてあげることです。そうすると、ご主人がパワーを取り戻して、お金の分野でも2人の間でバランスがとれてきますよ」

祥子「たとえば、どうしたら潤いを持たせてあげられるのでしょう？」

弘美「さっき、夜の生活では彼は求めてくるけれど、私に性欲がないのでセックスレス気味だと言っていましたよね。セックスとお金というのは、とても深く連動しています。あなたが彼にセックスを渋ると、彼もあなたにお金を渋ってしまうのです」

祥子「性欲がないのに無理やりするのは、いやなのですが……」

弘美「セックスではなく、愛を営むと思いましょう。『彼に愛をたくさんあげよう、一緒に豊かになっていこう』という意識なら、自分の性欲にかかわらず、お互いに満足できるセックスをすることができますよ」

祥子「そういう意識でエッチしたことはありませんでした」

弘美「自分から先に愛をあげると、気分がよくなるのです。それがご主人の不安や恐れを癒してくれるかもしれませんし、お金の豊かさにもつながっていきますよね」

祥子「私は旦那に対してケチになっていたかもしれません。だから、旦那もお金の面でケチになっていたのですね。まずは、夜の生活からはじめたいと思います」

弘美「そのようにしてパワーバランスがとれてきたところで、コミュニケーションをとることも大切です。結婚当初に戻ったつもりで、お互いのお財布の状況や家計のやりくりのしかたについて、改めて話し合いましょう」

祥子「具体的に、どのようにしたらいいのでしょうか?」

弘美「『一緒に幸せになるために、お金のことを話したいの』と、目先の自分の利益よりも、２人の幸せに焦点を置いたコミュニケーションを心がけるといいですよ。まずは、２人の幸せのビジョンを描いて共有しましょう。そうすれば、スムーズに話せるようになりますよ」

祥子「共通の幸せのビジョンを話したことも、描いたこともありませんでした。なんとなく、それぞれの幸せに向かっていた感じで、だから価値観がすれ違ったり、うまく話せなかったりして、お互いにいらいらして文句を言っていたのですね」

弘美「長い目で見ると、ご主人の締まり屋なところは、２人の将来や祥子さんの人生を豊かにしてくれるかもしれません。あなたの楽観的なところが、彼をさらに安心させるようになるかもしれません。コミュニケーションをとることで、あなたの楽観的な性質と彼の堅実な性質が統合されて、新しい関係性が育まれていくのです」

　妻が自分のパワーを失っていて、夫が浪費家というふうに、カップルによっては、男女が逆転しているケースもあります。

また、「見えるものにはお金を払うけれど、見えないものには払いたくない」「自分のために使うか、2人のために使うか」といった、お金の使いどころの価値観の違いがもとでケンカが起こることもあります。

どちらにしても、それぞれが自分のパワーを取り戻し、「一緒に幸せになる」とお互いに決意して、コミュニケーションをとることが大切です。

「女性性の開花」「女性性と男性性のバランス」「両親から引き継いだパターン」「セルフイメージを手放すこと」「自立と依存」「執着」「コミュニケーションの課題」「エディプス」「競争」「対立」など、これまで扱ってきた隠れた問題は、「お金へのスタンス」の違いなどに、一番現れやすいのです。

自分のお金に対するスタンスを、客観的に観察してみましょう。

カウンセリング13

姑《しゅうとめ》に子どもを預けると、悶々《もんもん》としてしまう

夏希「姑との関係に悩んでいます。夫と子どもが夫の実家に遊びに行くたびに、悶々としてしまうんです。姑は子どものめんどうを見てかわいがってくれるので、ありがたいはずなのですが……」

弘美「なぜ、それがハッピーではないのでしょうか？」

夏希「なんだか孤独を感じてしまうんです。夫と子どもを、姑に取られているような気持ちになります」

弘美「『子どものめんどうや家事から開放されてラッキー』と思えませんか？　私は夫に『実家に帰ったり、友だちと会ったりするときは予定を教えてね。私も自分

が好きに過ごせるように予定を入れるから』と言って、その時間を楽しみや趣味にあてるのですが」

夏希「それが、そういうふうに思えないのです。私も普段はできない場所の掃除をしたり、ゆっくり本を読んだりして、頭では『楽でいいな』とわかっているのに、落ち着かなくて、気づくと、いらいらしています」

弘美「ご主人とお子さんを巡って、お姑さんと競争するエディプス・コンプレックス（89ページ）が起こっていて、夏希さんは敗者になっているのかもしれないですね。おそらく、幼少期の家族の関係性が、新しい家族で再現されているのだと思います。母親と競って、父親を取り合っていたのかもしれませんね」

夏希「父に愛されていないという寂しさは、いつも感じていました」

弘美「ご主人に父親の姿を、お姑さんに母親を映しているのですね。きょうだいはいますか？」

夏希「兄が1人います」

弘美「あなたとお兄さんと両親の関係は、どのような感じでしたか？」

夏希「兄は成績もよくて運動もできたので、いつも家族の中心でした」

弘美「そういうお兄さんのことを、どのように思っていましたか？」

夏希「なんでもできて、みんなに注目されてうらやましいなという気持ちと、それに比べて、私はダメなんだという気持ちとが入り混じっていたような気がします」

弘美「両親に対しては？」

夏希「兄ばかり見ていないで、私のこともちゃんと見てよ、と思っていました」

弘美「もとの家族の間で、『このなかで誰が一番、注目されているか』という競争もあったのですね。子どもにお兄さんの姿も貼りつけてもいるかもしれません」

夏希「私は、子どもとも競っているということなのでしょうか?」

弘美「そうですね。エディプスの罠《わな》にはまっていると、『誰が一番、愛されているか』という競争をしてしまいます。けれど、その質問自体がナンセンスなのです。愛は全員に十分にいき渡っていますし、子どもは、両親のことも祖父母のことも大好きなのですから」

夏希「誰のことも選べないですよね。でも、どうせ私より、甘やかしてくれるおばあちゃんがいいんでしょとか、夫に対しても、私でなく、姑のほうを取るんだという思いがあります」

弘美「過去の体験からきている、『自分だけ愛されていない』という勘違いは手放しましょう。孤独ではなく、愛を選びましょう」

夏希「はい。でも、やはり、姑に子どもを預けるのはいやだなと思ってしまいます。姑のめんどうの見方が気に入らないのだと思います。たとえば、子どもに好き勝手に食べものを与えてしまうので、栄養バランスや虫歯が気になるんです」

弘美「『お義母《かあ》さん、夕食前は、お菓子や甘いものをあげないでください』とか、『食べたあとは、必ず歯磨きをさせてくださいね』とか、お願いしてはどうでしょう?」

夏希「なんだか、言いにくくて。姑にはどうも遠慮してしまいます。夫に伝えてもらおうかな……」

弘美「お姑さんと夏希さんの関係にご主人を巻き込まないことが大切ですよ。よく夫が嫁姑の間に入って、どちらの味方をするの!?　と迫られて振り回されているケースを耳にしますが、それはうまくいかないやり方なのです。あなたが自分にパワーと責任を持って、お姑さんときちんと話すことで、あなたとお姑さんの関係がしっかり築かれますし、それが夫婦間の絆をより強めるのです」

夏希「夫に姑との間をとりもってもらうのは、よくないんですね」

弘美「母親と自分の関係を、父親にとりもってもらうことを想像してみてください。お姑さんとの関係も、それと同じことなのです。自分とお姑さん、自分とご主人、自分と子どもとの関係を、それぞれしっかり築くことに集中すること。すると、結果的に全員が気持ちのいい関係になれますよ」

夏希「本当はとてもシンプルなのですね」

弘美「そうです。そして、もし、お姑さんに対して何か文句や嫌悪感があるのだとしたら、それは自分の母親に対してもあったということなのです。お姑さんとの関係は、自分の母親との関係の再演でもあります。お姑さんとの関係をスムーズに築くことは、母親との関係を癒すことにもなりますよ」

夏希「姑と関わることに、これだけ遠慮があったり、勇気が必要だったりということは、それだけ母親にも同じものがあるということなのですか。私、本当は母親と、ぜんぜんつながれていなかったのかもしれません」

弘美「人間関係は、そういうふうにして、自分自身のことを教えてくれるツールでもあります」

夏希「そう考えると、少し深刻さがなくなるような気がします。姑に勇気を出して伝えてみようと思います」

弘美「いいですね。私の経験からわかったことですが、男性の妻に対する願いというのは、そんなに多くなくて、『責めないで育んでくれる』『セックスを十分に与えてくれる』『自分の母親とうまくやってくれる』という、大きくあげると、この3つのことなのです。とにかく母親とうまくやってくれというのは、男性の悲願ですよ」

夏希「そうなんですね。とても大切なことを教えていただいた気がします」

弘美「いい妻を演じる必要はなくて、ポイントは、自分にパワーを取り戻して、『姑の悪口を夫に言わないこと』『夫に姑との仲をとりもってもらわずに、自分が関わっていくこと』。この2つを意識するだけで、ずいぶんと関係性が変わってくると思います」

第5章

男性に心から愛される秘訣

私たちは、そもそも「感情」というものをわかっていない

あなたのなかに隠れている女性性を開花させるには、「感情」が鍵となります。

しかし、私たちはそもそも、本当の意味では「感情」というものをわかっていません。

「どうすればいいパートナーシップを築けるようになるか」について教えてくれる人がいなかったのと同じように、「感情」についても、親からも、学校からも、上司からも教わることはありません。ですから、感情に関して未熟な人が世の中の大半を占めているといっても、過言ではないでしょう。

私たちは、次のことをわかっていません。

・自分が怒っている本当の理由
・自分が傷ついている本当の理由
・相手がしている言動の本当の理由

・自分が本当は何が欲しいのか

もし「私は全部わかっている」と思っているなら、あなたはとても幸せな人生を送っていることでしょう。そして、あなたのまわりの人たちもみな、幸せなはずです。

もし、少しでも現状に不満や文句があるのに「私は全部わかっている」と思っているとしたら、あるいは、あなたのまわりに傷ついている人や不幸せそうな顔をしている人がいるとしたら、「私は、本当はわかっていないのだ」ということを認め、もう少し「自分の本当の感情」を掘り下げてみる必要がありそうです。

あなたのなかにある「本当の感情」

私たちは子どものころ、もっと感情を自由に表現することができました。

しかし、ある時点で「感情を抑圧する」ということを学びます。

子どものころに私たちが感情を抑圧してしまったのは、大人から「ここでは感情を表現してはいけない」と禁止された、と感じたときからです。

本当のところは、「怒っているからといって、ものを投げてはダメよ」とか、「泣いても今これを買ってあげません」とか、感情をそのまま人にぶつけたり、感情を言い訳に乱暴なふるまいをしてはいけない、思いどおりにならないからといって駄々をこねて人を困らせてはいけない、という意味だったのですが。

また、親に対して秘密を持ったとき、あまりにも強いショッキングな出来事を体験したとき、誰にも言えないようなことを目撃したとき、うまく言葉にできない出来事が起こったときなども、感情を抑圧してしまいます。

・祖父の葬儀で笑ったり、はしゃいだりしていたら叱られた
・親が昼間はケンカしていたのに、夜にセックスしているのを目撃して混乱した
・きょうだいが大きなケガをするのを目の当たりにした
・難病や障害を持っている人を見た
・世界に飢餓やテロ、戦争で亡くなっていく同じ年の子がいることを知った

といったようなことで、瞬時のうちに湧いてきた恐怖や悲しみ、怒りなどの感情を抑え込んで、なかったことにしようとするのです。

きちんと感じることができなかった感情は、いつか解放されるその日まで、その人のなかに蓄積されていきます。溜まった感情はエネルギーとなり、出口を求め、解放

されようと、あなたのなかを動きまわりますが、私たちの理性はもう二度と傷つかないように強くブロックをかけて、感じないように自分を守ります。自分のなかで感情と理性が戦い、理性が勝ってしまうのです。

すると、潜在意識が似た出来事を起こしたり、体を壊したりさせることで、その感情を解放させようとする動きが起こります。しかし、そのときすでに私たちは「その感情を感じるのは危険だ」と思い込んでいるため、さらに抑圧しようとします。そしてそんな感情があることに、まったく気づくことができなくなってしまうのです。

つまり、私たちは「本当の感情」を感じることなく、日々を送っています。抑圧された本当の感情は、知らないうちに人生に影響を与え、同じパターンが繰り返されていることに気づかず、「どうも人生がうまくいかない」「思うような人生が送れない」「本当の自分で生きていない感じがする」といった違和感を抱えることになるのです。

その悪循環のループから抜け出すには、まずは「自分は本当の感情をどうやら抑圧しているらしい」と気づくことです。「抑圧している感情の中身はどういうものかわからないけれど、それが自分のなかにあって、人生に大きな影響を与えているらしい」ということを知ろうとすることです。

すると、リラックスしたときにふと、抑えていた感情が湧いてきたり、感情的にならざるを得ないような出来事が起こったりして、解放に向かいます。

「自分は本当は、どんな感情を持っているのだろう?」と知ろうとする姿勢が、抑圧していた感情に気づかせてくれます。

感情の目的がわかると、真実が見えてくる

感情には「目的」があります。

「感情は外側からやってくるものだ」と多くの人が思っていますが、そうではありません。特にネガティブな感情を感じると、「私が感じているこの怒りは、あの人が私に失礼なことを言ったからだ」とか、「私が悲しみを感じているのは、彼が私を傷つけるようなことをしたからだ」などと思いがちです。

しかし、本当のところは違います。

「自分のなかに怒りがあって、あの人に失礼なことを言われるという出来事が引き金となった」

「自分のなかに悲しみがあって、それが解放されるために彼が自分を傷つける出来事が起こった」

あなたが遭遇するすべての出来事、湧いてくる考えや感情は、過去の再現なのです。完全に癒されるまで、何度も何度も同じようなことが起きて、注目され、解決されるまで繰り返されることになっているのです。

感情が湧いてくるのは、その出来事があなたのなかにある何かに触れたからです。たとえば、怒りや悲しみといったネガティブな感情が湧いてきたなら、それは、あなたのなかにもともとあった「痛み」に触れたからなのです。

あるいは、子ども時代に形作られた考え方や価値観に反したからかもしれません。もともとある「痛み」や、今はもう役に立たない「考え方」や「価値観」を手放すタイミングがきたとき、その存在を知らせるために、感情を感じさせる出来事が起こるのです。

感情とは、あなたの「真実」を照らしてくれるインフォメーション装置です。「真実」とは、「道が開かれて、本物の新しい世界が見えてくる」ことです。

感情には、あなたにまつわる情報や知恵がたくさん詰まっています。感情を認識し、味わうことを通じて、新たな自分、本当の道が切り開かれていくのです。

第3章、第4章で登場した女性たちは、感情を扱うことを通して、これまでとは違うまったく新しい自分自身と出会い、人生の一歩を踏み出すことができました。

感情の目的をわかっていないと、感情の扱い方や表現のしかたを間違えてしまいます。世の中では「ネガティブな感情は抑えてコントロールし、いかに沈静化するかが感情的に成熟することだ」と思われがちですが、そうではありません。

感情に善悪はありません。

感情が動いたとき、相手や状況のせいにするのではなく、

「この感情は私に、何を教えてくれようとしているのだろう？」

「この感情は、私を成長させるために湧いてくるのだ」

と、自分に関するインフォメーションを受け取る意欲や態度が大切です。

その意欲や姿勢を持つことが、「感情的に成熟する」ということなのです。感情的に成熟するということが、女性性のリーダーシップをとる鍵となっていくのです。

責めないコミュニケーション「言いすぎる人」と「黙る人」

人間は、コミュニケーションやケンカのシーンにおいて、「言いすぎる人」と「黙る人」とに大きく分けられます。

「言いすぎる人」と「黙る人」は、たいていの場合、2人でセットになっています。2人は、お互いにお互いを責めているという点で表裏一体なのです。どちらが正しくてどちらが間違っているということはありません。

どちらも、感情の成熟と、真実のコミュニケーションを学ぶ必要があります。

「言いすぎる人」は、文字どおり、他人のミスや相手が自分の思いどおりにならないことを指摘し、不満や不安や文句を直接伝えて事態を動かそうとする人です。

相手に言いすぎたあとに「私はすぐに感情的になって、怒ったり、泣いたりしてしまうダメな人だ」と自分を責める人がいます。ときとして攻撃的になるので、問題行動として取り上げられることもしばしばです。

「言いすぎる人」は、一見、加害者ですが、相手が悪いと思っていることで言いすぎてしまうので、本人は自分のことを被害者だと思っています。

「黙る人」は、コミュニケーションの最中、悲しみや戸惑いを感じていたり、あるいは、相手の言い分に反論したり、どうしたらいいか具体的なアイデアを考えていたりと、心や頭を忙しく働かせています。が、自分が思っていることや考えていることを、相手に伝えません。嵐が過ぎ去るのを待っているようなところがあるでしょう。なかには、黙るのを通り越して、その場から離れて「引きこもる人」もいます。

表立って相手を直接攻撃するようなことはしませんから、「私は『言いすぎる相手』に比べて、感情的に成熟している」と優越感を持っているかもしれません。具体的な反撃に出ないので、問題にされることも少ないでしょう。

しかし、「黙る」のも、攻撃の一種です。

「黙る人」は、コミュニケーションにおいて被害者になることが多いですが、相手にとっては、黙られることでメッセージが伝わってこないので「拒絶されている」ように感じられます。

さらには、相手の前で大きなため息をついたり、ぶつぶつ小声で皮肉や嫌味を言ったり、不快感を声のトーンや表情で示したり、ドアを閉めるときに強めの音を立てたりといったことで、直接、相手に何かを言ったり、したりする代わりに、攻撃のエネルギーを発しているケースもあります。

つまり、「黙る人」は被害者であると同時に、加害者でもあるのです。相手が「言いすぎる」のは、そういった無言の攻撃への抗議のメッセージの可能性もあります。「言いすぎる人」と「黙る人」に対して、成熟した感情と真実のコミュニケーションをとるには、どうしたらいいのでしょうか。

もし、あなたが「言いすぎる人」にあてはまる場合は、お互いに機嫌がよくて普通にコミュニケーションがとれているときに、「言いすぎてしまったら、サインを出して止めてね。助けてね」とお願いしておくのが効果的です。何より、言いすぎてしまったり、やりすぎてしまったら、早く謝りましょう。相手が不機嫌になったり、距離を置かれているような気がしたり、連絡をくれなくなったりしたときに、「私、何かやっちゃったかな……」と自分を振り返ってみるとよいでしょう。

「言いすぎる人」がうまくコミュニケーションをとるための、とっておきのおまじないの言葉があります。

それは、「私は何もわかっていないのだ」です。

「言いすぎる人」は、自分のことも相手のことも何もかもわかっていて、自分が考えていることや、やっていることが正しいと思ってしまいがちです。でも、実際はそうではないことがほとんどです。

「私は何もわかっていないのだ」という姿勢になることによって、

「『黙る人』の本当の気持ちをまっさらな気持ちで聞こう」

「自分が考えていることは、もしかしたら間違っているかもしれない」

「自分が本当に感じていることに、実は気づけていないのかもしれない」

「お互いにとっての答えは、まだ誰にもわからないのかもしれない」

と、自分のなかにスペースができ、「黙る人」とこれまでとは違うコミュニケーションをはじめられるかもしれません。するとお互いに本来のパワーが戻ってきて、戦いを超え、与い合えるパートナーシップを築くことができるようになるのです。

「私は言いすぎる人ではない」と思っている場合、あなたは「黙る人」の可能性が高いでしょう。

ちょっとイメージしてみましょう。あなたが何かを話しかけたり、質問をしたりしても、相手がいつも黙っていたり、無反応だったりすると、何を考えているのかわからなくて、いらいらしませんか？

あなたも、他の人にそういう思いをさせているかもしれません。

実は、私自身も以前はどちらかというと、「黙る人」でした。

しばしば「人から攻撃される」と感じていて、関係が深くなった相手に対しては常におびえているような感覚がありました。自分は人を攻撃するような未熟なことはしていないと思っていましたし、「自分には攻撃性はない」とも信じていました。

しかし、「黙ることで、相手を攻撃している」「自分では被害者だと感じているけれど、相手にとっては加害者にもなっているのだ」ということに気づいたとき、実は、相手と同じだけ攻撃していたことがわかったのです。

「自分のために何かを言う」とか「助けを求める」とかいうことが苦手でしたから、どうしても我慢してしまいました。つらいとか苦しいというのがあまり顔に出ないたちで、ほかの人にはわからないようです。我慢すると、自分のなかで相手のことを非難し、「でも」とか「だって」といった言い訳をたくさんしていました。

最初の結婚のときは、私が反応しなくなるので、相手がいらいらして、関係が次第に悪くなりました。そのあと離婚してつき合う相手が変わっても、同じ部分や関係性が出てきました。私には、なかば「いじめられる」パターンがあったのです。

それまでは、大人としてふるまうとか、成熟した、落ち着いた対応がいいことだと思っていて、そのせいで相手をいらつかせていたのです。

もし、「黙る人」であるあなたが、「被害者でい続けると、いずれ加害者になる」ことに気づかないと、「言いすぎる人」や暴君や乱暴な人と出会い続け、いつも困難な人間関係を体験することになってしまいます。

その悪循環のループから抜け出そうと決意することが大切です。

そのためには、「黙っていることも攻撃になるのだ」ということを知り、自分が感じていること、考えていることを勇気を出して伝えていく努力が必要でしょう。

まずは「自分も普通に怒る人だ。攻撃する人だ。ほかの人と違っていたわけではないんだな」と、自分自身がやっていることを認めていくことです。自分の感情や考えを伝えることに、恐れの気持ちを抱いていることも多いので、相手とコミュニケーションをとるときに、「ちょっとうまく言えるかどうかわからないんだけど、最後まで聞いてね……」と前置きしてみたり、手紙を書いたりするとよいでしょう。

私も、「自分のために話そう」とか「間違っても伝えてみよう」とか「ここで自分の不快感や苦しみを話してみよう」と心に決めて、「私はあなたの言葉に傷ついた」といったことを相手に伝える練習をしていきました。

普段から自分の本音を我慢していると、「黙る人」になりやすいので、自分の本心をノートに吐き出したり、中立的な友人に聞いてもらったりして、エネルギーを軽くしていくこともおすすめです。

「黙る人」は、「自分はとても平和で穏やかだ」と思っているかもしれません。あなたが平穏で、周囲もそういう人ばかりであれば、本当にそうなのでしょう。

ところが、自分のことを穏やかだと思っていても、まわりにすごく怒りっぽい「言いすぎる人」や暴力的な人がいたりする場合には、実はあなたが怒りを抑えている可能性が高いのです。まわりの怒りっぽい人たちは、もしかしたら、あなたの抑圧している感情を感じさせられているのかもしれません。

「そんな馬鹿な」と思うかもしれませんが、子どもを観察していると、それが本当だとわかります。

たとえば、子どもは家庭内の雰囲気が不穏だと、それを感じ取り、言動に表します。落ち着きがなくなったり、ご飯が食べられなくなったり、よく眠れなかったり、わけもなく泣いたりします。家庭内の誰かが亡くなったり、お金の問題があったり、両親にケンカが多かったりといった「不穏な空気」を、親や大人たちがたとえ口には出さなかったとしても、子どもたちには感じ取る力があるのです。

感情やコミュニケーションにおいて、「言いすぎる人」にも「黙る人」にも共通する成熟した態度とは、「相手のことも自分のことも責めずに、お互いの気持ちや状況を尊重しながらつながる」ということです。自分と相手の気持ちや状況を一度、テーブルの上に置いて眺めるようなイメージです。

そうすることによって、感情や観念と自分との間に気づきのスペースができるので、「自分がどんな体験をしたのか、相手はどういう体験をしたのか」ということに、シンプルに焦点をあてられるようになり、冷静で円滑なコミュニケーションを進めていくことができます。「私はこう感じた」「私はこういうふうにとらえたの」と、主語を常に自分に置いて伝えることも効果的です。

言葉でいうと簡単ですが、実践するには少しずつ訓練が必要かもしれません。

ケンカは、お互いの幼少期に体験したハートブレイクの再現

恋人でも夫婦でも、カップルには、関係性のステージがあります。

・ロマンス
・パワーストラグル（ケンカ）
・デッドゾーン
・**共同創造・相互依存**

「ロマンス」は、その名のとおりラブラブな関係で、お互いのすべてが素敵に感じられます。プレゼントを贈り合ったり、お互いの願いを叶えてあげたり、一緒にいろいろな体験を共有したいステージです。

「パワーストラグル（ケンカ）」は、お互いの性格や価値観の違いが浮上してきて、ケンカや主導権争い、相手に対するコントロールが多くなります。「価値観が違った

から」という理由で、ここで別れを選択するカップルも少なくありません。「デッドゾーン」は、まさに「関係性が死んだように感じる」ステージです。世間では「倦怠期」とも呼ばれています。

長くつき合ったカップルや、長年、連れ添った夫婦が陥りやすくなります。お互いに興味がなくなり、関係性の進展がまったく感じられなくなるのです。関係を修復する意欲も別れる意欲もなくなり、仮面夫婦の状態になる人たちも少なくありません。関係性がうまくいかないほとんどの夫婦やカップルは、このステージに留まったまま「人生や夫婦関係は、こんなもんだろう」とあきらめています。

世間ではあまり知られていませんが、「パワーストラグル」のステージも、「デッドゾーン」のステージも、それぞれに合った抜け道があり、そこを抜けると、カップルとしてとても充実したステージ「共同創造・相互依存」に入ります。

このステージは、第二の「ロマンス」です。

最初のロマンスとは違い、お互いのことを知りつくし、価値観や性質の違いを受け入れて、再びお互いのすばらしさや存在のありがたさに気づきます。それぞれが自分のギフトを与え合い、新たな関係性を意図的に創造できるようになります。

ここでは、カップルや夫婦が最初に体験する試練ともいえる、「パワーストラグル（ケンカ）」のステージについてお話しします。このステージでは、「どちらが先に自分のニーズを叶えてもらうか」という競争をするようになるのです。それはささいな出来事からはじまることが多いようです。

結婚2年目の、ある夫婦の日常で起こった「ニーズの競争によるケンカ」を例にあげてみましょう。

キッチンでコーヒーを飲んでいた夫が、シンクに飲み残しのコーヒーを流して、そのままリビングに立ち去りました。

それを見ていた妻は「そのままだとシンクについたコーヒーの色素が取れなくなるから、お水で流してね」と伝えると、夫はその言葉を無視しました。妻が「なんで無視するの？　流してね」ともう一度言うと、夫は「うるさい」とつぶやきました。妻はイラッとしましたが、聞き流して自分でシンクに水を流してきれいにしました。

その数時間後、妻はリビングのソファに座ってテレビを見ていました。夫はパソコンに向かって仕事をしています。いつもなら「仕事に集中したいから、テレビの音を小さくするか、消してくれる？」と妻に伝えるのですが、このときは不機嫌なエネルギーを発しながらリビングにきて、無言のまま、テレビの電源を切ってしまったのです。妻が「ちょっと、そのやり方はどうなの？　もう少し言い方とかやり方があるでしょう？」と口火を切ったのをきっかけに、気づいたら大ゲンカになっていました。

妻の言い分は、「シンクのコーヒーを流してねって言っても無視したり、うるさいと言ったり、テレビの電源をいきなり消したりするなんて、ひどい。もう少し大人な対応をしてほしい」。

夫の言い分は、「今は仕事が忙しい時期でナーバスになり、無視したり、口ごたえしたり、八つ当たりして突然テレビを消したりしてしまった。それは謝る。でも、仕事をしているときはテレビの音を小さくしてくれっていつも言っているのに、なかなか言うことを聞いてくれない。そろそろ、いい加減に覚えてほしい」。

さらに妻は、「いつも仕事が忙しくてナーバスになってるじゃない、いつになったら落ち着くの？　こっちは気を遣いすぎてうんざり。それにあなたがテレビの音を小さくしてほしいなら、私だってあなたにコーヒーをきれいに流してほしい」と言い、夫は「仕事なんだからしかたがないだろう。コーヒーなんてささいなこと、どうでもいいし、気づいた君がやってくれればいいじゃないか」と返します。

妻は「私はテレビを観たいのに、いちいちあなたの都合に合わせるのはもういや。あなたがテレビの音量が気になるのと同じくらい、私はシンクのコーヒーのこびりつきが気になるの！」と返し、話は平行線です。

このような生活空間の使い方や、生活習慣のささいなすれ違いから、ケンカに発展するカップルの話をカウンセリングやセミナーでたくさん聞きます。

この夫婦は、夫はハードワークで余裕がなくなって、まともなコミュニケーションがとれなくなり、もう少し妻に気遣ってほしいというニーズがあります。一方、妻はハードワークばかりしている夫の生活態度にいや気がさし、放っておかれた寂しさから、夫のニーズを叶えてあげたくなくなったのでしょう。どちらも、自分のニーズを相手に押しつけ合って、それを叶えてくれないことに怒り、それならあなたのニーズには応えたくありません、という暗黙のメッセージを送り合っています。

「あなたが先に、私の（僕の）願いを叶えてくれたら、あなたの願いを聞いてあげる」という隠れた取り引きをしているのです。

「パワーストラグル」のステージに入ると、相手のニーズを叶えてあげたくなくなったり、相手をコントロールしたくなったりします。そのままその関係を放置していると、お互いに心の距離が離れ、あなたのニーズなんか叶えてあげない！　という意地悪や復讐《ふくしゅう》をどんどんし合うようになってしまいます。なかには、ケンカをすると「どちらが先に謝るか」という競争がはじまり、「あなたが先に謝るまで許さない」と、さらに関係が悪化していくケースも少なくありません。

このような状態になるのは、お互いの子ども時代に親や家族との関係で、「ニーズを十分に満たしてもらえなくて傷ついた体験や感情（ハートブレイク）」が取り残されたままだからなのです。大人になって親しい人間関係がつくられると、そのときのハートブレイクを癒し、乗り越えるために、「ニーズが叶えられなかった」という体験が再浮上してくるのです。

ケンカには、そのカップルが乗り越えるべき幼少期の課題が必ず隠されています。そのことを認識して、自分のニーズを自覚したり、相手のニーズに対して思いやりをもって叶えてあげたりすることで、お互いの過去のハートブレイクが癒され、絆が深まって関係をさらに親密なものにしていくことができるのです。

自分とパートナーを同時に尊重しよう

男性も女性も、お互いに「相手に理解してほしい、わかってもらいたい」という気持ちを強く持っています。

あのとき、何を感じていたから、ああいうことを言ってしまったのか、してしまったのかということを、自分自身のことも、相手に対しても、丁寧に見つめることができると、お互いのふるまいの原因がわかるようになります。

たとえば、「私が彼に干渉してしまったのは、きっと寂しくてかまってほしかったからなのね」とか、「彼が不機嫌だったのは、疲れていて1人になる時間が欲しかったからかもしれない」といった具合です。

男女関係の鍵を持っているあなたが、自分の感情に気づくことができて、相手の感情を思いやることができると、女性として魅力的になり、パートナーシップは大きく前進します。自分と相手を同時に尊重しながらコミュニケーションをとると、絆をより深めていくことができます。

「男性を責める」ことについて

男性を責めてしまう女性は、依存心と責任転嫁が強い傾向にあります。

ここで問題なのは、女性のほうに自分が責めているという自覚がないことです。「ただ聞いただけでしょ」とか「ただ自分が感じたことを正直に言っているだけよ」と、軽く考えていることが多いのです。

「私の幸せや安全は彼によって守られるものだ」という思い込みがあると、男性が自分の思いどおりにしてくれなかったときに、相手を責めたくなります。「愛しているなら、もっと私を気遣ってよ」という思いで自分を感情的に甘やかしていると、男性は本来の自分らしさをどんどん失ってしまいます。

男性は、あなたの機嫌ばかりとるようになって不満を溜め続けるか、あるいは、あなたを捨てることになるかもしれません。男性はもともと罪悪感が強いので、あなたが不幸そうだと、責めているつもりがなくても「自分のせいだ。自分が失敗したんだ」と感じてしまいます。ですから、責められていると思わせないようにします。

自分が本当は何を感じているのか、何を望んでいるのか、自分に対して正直になりましょう。「あれは、私が不安だったことを彼に八つ当たりしてしまったのだな」とか、「彼にやさしい言葉をかけてもらいたいと期待しすぎていたから、それが叶わなくて、悲しかったのだな」とか、自分のなかにある感情をありのまま受け入れ、認めていくのです。相手を責めたり、変えようとしたりするのではなく、自分の正直な感情を受け入れると、どのように接したらよいか、アイデアやインスピレーションが湧いてきます。自分の感情に「責任を持って取り組む」と意図すると、感情が成熟します。

男性を動かす「効果的なコミュニケーション」

夫婦のカウンセリングやセミナー中、ロールプレイで「普段どんなふうにご主人と話しているか、目の前にいると思ってやってみてくれますか?」とか、「今、感謝を伝えてみましょう」とか、「今、ご主人にお願いをしてみましょう」といった実習をすることがあります。

すると「普段、そんな言い方で話しているの？」とビックリすることがよくあります。「声のトーン」も関係性を大きく左右します。高すぎる声は緊迫感を与えますし、低音は恐怖感をあおることもあります。

相手に話している瞬間の自分の声を、自分自身でもゆっくりと聞くように意識してみると、エネルギーが穏やかになります。感情的になっているときに大事なことを話しても、絶対にうまくいきません。

コミュニケーションをとりたいけれど、自分が感情的になっているなと自覚したときは、寝室やお風呂やトイレなどに行って距離を置きます。落ち着いてコミュニケーションができる日や場所を選んで、パートナーに改めてその機会を提案しましょう。

感情のあふれるままに話をしてしまうと、「だから、こいつはヒステリックでいやなんだよ」と、あなたの良心から出た言葉や、本当に必要なお願いを聞かなくていい口実を相手がつくってしまいます。それはとても損なことです。

それから、「頼りがいのある人であってほしいの」とか、「やさしくしてほしい」という言い方は、男性にとってはあいまいで、どうしていいかわからないようです。

「週に2回でいいから早く帰ってきて、子どもをお風呂に入れてくれない？　そうしたら私はゆっくり髪を洗うことができるの」とか「靴下を洗濯機に入れてね」とか、具体的にどうしてほしいかを伝えるように意識しましょう。

男性にお願いをするときは、「2つ以内の文章にまとめて話す」「くどくど言わない」というふうに、簡潔に伝えることを心がけるとよいでしょう。

最初のうちは、「こういうことを伝えたい」と思ったら、ある程度、準備しておく練習も必要かもしれません。男性が「うるさいなぁ」「くどくど言うな」と思う前に話をやめるイメージです。伝えるタイミングも「あのねぇ～♡」「ちょっとお願い」と明るいトーンで話しかけることも効果的です。

男性は、ネガティブな言葉を頭のなかで変換して、ポジティブな対応に変えるということが苦手です。「あなたって冷たい人ね」と言われたら、「本当はやさしくされたいんだな」という女性のなかにある、裏の意図をくみ取ってやさしくなったりしはしません。「冷たい人」「だらしない人」、その言葉の意味どおりに受け取って、「どうせ俺はそうだよ」と開き直る方向にいってしまうのです。

いやな面や直してほしいことをあまりひんぱんに言われても、聞きたくなくなってしまいます。女性は、一番言いたいことを伝え、できたときには「ありがとう」と感謝します。ほかに評価することも伝え、5つに1つくらい「こうしてほしい」「これはいやだからやめてほしい」ということがある、というバランスが大切です。

必要ならば、第三者に入ってもらうのもよいでしょう。私が夫婦のカウンセリングをしているときに何をしているかというと、2人の通訳をしているのです。「今、ご主人、こういうことをおっしゃってるんじゃないのかしら」とか、「奥さんがこういう言い方をするのは、こういうことが心配なんですよね」とか。中立的な人が間に入ると、コミュニケーションがうまくいくケースが多いです。

彼があなたを大切にしたくなるコツ

男性の行動の背後に何が隠れているかを慮って育むように意識すると、彼はあなたのことを大切にしたくなります。

映画「トップガン」の主人公マーベリックが親友を失ったとき、シャーロットは「あなたのせいではないわ」と静かに諭しますが、彼にはまだ受け入れる準備ができていませんでした。察したシャーロットは、そっと立ち去ってマーベリックに1人になる時間を与えます。彼女は自分のやるべきことをしながら、彼の同僚にときどき連絡をとり、様子をうかがいます。シャーロットは「彼が本当に立ち直った」と感じられたとき、再びマーベリックの前に現れて寄り添います。「どこで、どのような援助をしたらいいか」は男性によって違うので、じっくりと観察することが必要です。男性の言動の裏に隠れた感情をサポートするのは、女性の才能のひとつといえると思います。「男性を育む」という言葉を聞いて「私だって育まれたいのに!」という思いが湧いてくるとしたら、まだ男性をサポートする準備ができていないかもしれません。

まずは、あなた自身が自分の気持ちをしっかりと認識することで、感情的に成熟し、女性性を開花させることに集中しましょう。

すると、お互いが、わがままになるのでもなく、自己犠牲的になるのでもない、バランスのとれた関係に変化していくのです。そして、あなたは男性の気持ちを理解して効果的にサポートできるようになり、彼にとってかけがえのない存在になることでしょう。

◆コラム◆

感情を癒す「ジョイニング」

女性性を成熟させるには、これまでの人生で無意識のうちに抑えこんできた、たくさんの感情があることを知り、癒す必要があります。

抑圧してきた感情は、怒り、悲しみ、寂しさ、虚しさ、失敗感、劣等感、罪悪感、無価値感、憎しみなど、さまざまです。

あるいは、喜び、うれしさ、楽しさ、快感、安らぎ、感謝、愛など、ポジティブな感情を抑えている人も少なくありません。

どんな感情も、感じきるとなくなります。その後、私たちは自然と前を向いて動き出したくなるのです。

しかし、多くの人が、子どものころに親に怒られたり、ショッキングな出来事に遭遇したりしたときなどに、感情を受け入れることがつらすぎて、感じることを自分に禁止してしまいます。

現代社会の苦しみや問題は、いわば、たくさんの人が感情を感じることをやめてしまったために起こっているといえるかもしれません。あるいは、感受性が強く、感じやすいために、現代社会にうまく適応することができず、生きづらさを感じているという人もいるかもしれません。

感情を感じることをやめると、「誇張された男性性」が強くなります。それは、不安や恐れがベースとなった動きです。長い目で見ると、「誇張された男性性」で生きることで、人生がうまくいくことはありません。そこから脱却するためには、自分の感情を取り戻す必要があります。

子どものころに抑え込んだ悲しみや寂しさなどの感情を、自分自身で受け止める、あるいは、人の助けを借りて真に寄り添ってもらいながら感じていくと、次第に苦しみの源に到達します。さらに、それをどんどん感じて解放していくと、苦しみや疑い、恨みの気持ちはなくなり、愛や感謝、喜びがそれにとって代わります。それが「癒し」です。

第3章、第4章で、カウンセリングに訪れた女性たちが幼少期の感情を解放して、しばらく涙を流すシーンが登場します。それは、この手法によるものが大きいのです。

セミナーでは、これを「ジョイニング」と呼んでいます。2人1組になって椅子に座り、相手と目と目を合わせながら、自分の感情を解放させていきます。相手を通して自分の感情にふれることに集中し、癒していきます。

「ジョイニング」とは「つながること」ですが、「自分の感情とつながる」「目の前の人とつながる」「自分のなかのさまざまな部分を統合する」「自分の本質である愛の部分とつながる」ことを指します。

抑圧された感情が癒されると、目の前にいる相手と隔たりがなくなり、愛でつながることができます。その体験を繰り返すことによって、自信や女性性、愛が取り戻され、本来の自分の人生を力強く生きられるようになるのです。

「ジョイニング」とは、真実の扉を開き、人生に輝きをもたらしてくれる、とてもパワフルな女性性的な手法です。どんな出来事からも逃げずに体験しつくすことで、あなたの魂は磨かれ、輝きを増していくことでしょう。

第6章

女性は世界の花

母のなかに「愛の種」を見出すと、真実のパートナーが現れる

あなたが女性として最高に輝き、いつも幸せでいられるようになるには、あなたの母親に対する見方を変える必要があります。

あなたの母親は、どのような人でしたか？　そして、あなたはそんな母親をどのように見ていたでしょうか？

世の中には、いろいろなタイプの母親がいます。

子どもに期待するあまり、教育ママになり、何から何まで口出しをして干渉する母親。子育てする準備が整っておらず、衣食住や教育を十分に与えてあげられず、ネグレクトする母親。病気がちで、子どものめんどうをみられず、子どもに依存する母親。子どものありのままを受け入れ続けられる、成熟した母親。

人の数だけ母親のタイプはありますが、私が長年、多くの女性たちとカウンセリン

グやセミナーで接してはっきりと言えることは、「どのような母親であったとしても、母親にとってはそれが彼女のベストであった」ということです。そのことを娘のあなたが受け入れると、女性として輝き、幸せをたくさん感じられるようになるのです。

世の中には、「お金を稼ぐ方法」「いい男と結婚する方法」「すぐれた経営者になる方法」など、さまざまなマニュアル本があふれていますが、「いい母親になる方法」のマニュアルは存在しません。

母親としてのあり方は、誰も教えてくれないのです。母親の母親、つまり、あなたのおばあちゃんも教わっていません。

第2章の「パートナーができない女性が手放すべき5つのこだわり」に、「親から引き継いだパターン」をあげましたが、母親は自分の母親のあり方にならって子どもを育てていくしかありません。最近は、ママ友と情報交換する母親も増えていますが、お互いに手探りであることに変わりなく、誰も明確な答えは持っていないのです。

私たちは、完璧でなかった母親に対して、大人になっても文句や批判を持っているものですが、私がよくお伝えするのは、「あなたが3歳の子どもだったとき、お母さんも『あなたの母親』として3歳だった」ということです。あなたの年齢と、母親があなたの母親であった経験年数は、まったく同じなのです。
そうは言っても、母親を許すことが難しいのが私たちです。

ある女性の恋愛の悩み

ここで、若いころからうまくいかない恋愛を繰り返して悩み続け、真実のパートナーが欲しいとセミナーを受講した、美千子さんのエピソードをご紹介しましょう。

実は、パートナーシップと母親との関係というのは、とても密接なものです。女性は父親と似た人を好きになるとよくいいますが、関係性においては、母親との関係をパートナーと繰り返す傾向にあります。「パートナーとの絆の強さ」は、「どれだけあなたが母親と強い絆を持っているか」に比例するのです。

美千子さんが長年、パートナーシップがうまくいかなかったのは、彼女が母親との間に遺恨を持ち、その関係性がパートナーシップに投影されていたからでした。

美千子さんの母親は精神的に未熟で友だちが少なく、美千子さんが小学生のころから彼女に悩みを相談していたそうです。小学生の美千子さんは、母親を助けるために一生懸命に話を聞き、よき相談相手となりました。そのため、美千子さん自身が母親に自分の悩みを相談したことは、一度もありませんでした。

母親の悩み相談は、美千子さんが大人になってからも続き、電話で何時間も愚痴を言い続けていたそうです。

業を煮やした美千子さんは、あるとき、母親に「いい加減に大人になって。私はあなたの子どもなのに、どうして悩みを聞かないといけないの!? 父親に相談するなり、ほかの人に話すなりしてください」と突き放しました。母親は電話口で「どうしてそんな冷たいことを言うの?」と泣いていたのだそうです。

実はこのような母娘関係は珍しくありません。母親が精神的に未成熟なため、娘が母親の親代わりになってしまうというケースです。

美千子さんが幸せになるには、彼女が母親の親の座から降りて娘に戻り、母親を許すことが必要でした。

弘美「美千子さん、母親を許すことはできますか?」

美千子「私は子どものころから母の母親をやらされてきました。私の子ども時代を奪われた感じがあって、その怒りや憎しみをなくすのは、とても難しいです」

弘美「たいへんな子ども時代だったのですね。それでも、あなたを産んだのが母親であることには変わりはないのです。おむつを変えてミルクを飲ませてくれて、あなたが無事に成長できたのは、彼女のおかげです。母親は母親なりに、ベストをつくしていたと認められませんか」

美千子「たしかに母は物理的には私を育ててくれましたが、精神的には母親として私の役にまったく立ってはくれませんでした。そのせいで、私はとても苦しい人生を送ってきたんです」

弘美「あなたはずっと母親に勝ってしまっていたのですね。母親に勝ち続けていると、幸せなパートナーシップは受け取れないのです。母親に全面的に降参して、もう一度、子どものころのように、母親の娘に戻る意欲はありますか？」

美千子「たしかに私は母に勝っているなという感覚はあります。それが誇らしくもあるけれど、私に負けている母に対していらだちも感じています。どのように母をとらえればよいのか、どうしたら母を許せるのか、わからないのです。それに母に負けることを想像すると、とても悔しい気持ちが湧いてきます」

弘美「母親のなかに『愛の種』を見出すよう意識すると、いいかもしれませんね」

美千子「母のなかに愛の種があるとは、とても思えません。とても未熟で自分勝手な人なんですから」

弘美「ちょっと質問を変えましょう。美千子さんは、どうして母親のなかに愛の種を見出したくないのですか？」

美千子「あ……。私は母に愛の種を見出したくないんですね。気づきませんでした。

母に愛の種なんて、ないものだと思っていました」

弘美「すべての人のなかに愛の種はあるのですよ。母親にも、もちろん、美千子さんにも。愛の種から生まれるものこそが真実の姿です。それ以外は、かりそめなのです」

美千子「母に愛の種を見出すと、やはり負ける感じがして、とてもいやです」

弘美「そのまま全面的に降参していくと、真実のパートナーシップの扉が開きますよ。どうして負けたくないのでしょう?」

美千子「母のなかに愛の種があると困るからと、今、思いました」

弘美「なぜ、母親に愛の種があると困るのですか? あなたは子どものころから母親が精神的に愛してくれなかったことに対して、怒っていたのではありませんか」

美千子「私の愛の種のほうが大きいと思っているみたいです」

弘美「母親と、愛の種の大きさの比較や競争をしているのね」

美千子「母に愛の種があることを認めると、私の愛の種がちっぽけでにせものだって感じがして、それを認めるのがとてもいやです。私の愛の種がなくなっちゃう……」

弘美「母親の愛の種の大きさと、あなたの愛の種の大きさが反比例するわけではありませんよ、どちらも大きくていいのではないですか？」

美千子「そうですよね。どちらかの愛の種が大きいと、どちらかの愛の種が小さくなると思っていたみたいです」

弘美「母親のなかに、愛の種は見出せますか？」

美千子「はい、今なら。母に愛の種を見出したら、自分のなかにも感じられるようになってきました。パワーが戻ってくるような感じです。今まで私が愛だと思っていたものは、愛じゃなかったみたいです。だから自分がにせものという感じがして、それを認めたくなくて、ずっと母を許したくなかったのだと思います」

弘美「母親は母親なりに、ベストをつくしていたことも、見出せますか？」

美千子「母はとてもがんばっていたのだと思います。でもうまくいかなくて、娘の私に悩みを相談したんですね……自分をふがいないと感じていたかもしれません。それでもそうするしかなくて。母は子どもの私を信頼してくれて、価値を認めてくれていたんだなと、今、気づきました。母は大きな愛の種を持っていたんですね。降参するという意味がやっとわかったような気がします」

弘美「今、本当に母親の娘に戻ることができましたね」

美千子「母親の娘でいることって、とても大きな愛で包まれていて安心するものなんですね。初めて母の愛を感じられているかもしれません。母はずっと私を愛してくれていたのに、見ないようにしていたのは、私のほうだったんですね。なんだか、ずっと張りつめていた糸が、一気にゆるんだ感じがします」

弘美「これで真実のパートナーが、ぐんと近くなりましたよ」

美千子「私もそんな気がしています。お互いにがんばらなくても一緒にいられる人が現れそうな……。とても楽しみです」

美千子さんはずっと「母親のような人にはなりたくない」と思っていたのですが、このあと、「母親ってかわいらしい女性だな」と思えるようになったのだそうです。

そして、数か月後、「この人が真実の人だ」と思える包容力のある、やさしいパートナーと出会い、今では幸せな結婚生活を送っています。

あなたは今、自分の母親に、何パーセントくらい「愛の種」を見出せますか?

美千子さんのように、母親に愛の種を見出し、許せば許すほど、あなた自身もどんどん楽に自由になることができます。それは、母親の愛を受け取って「愛されている自分を認める」ということでもあります。それこそが女性性の力です。

愛されていた自分を認められるようになると、「自分は愛されるべき存在だ」という自信が培われます。すると、愛を受け入れることができて人から愛されやすくなり、パートナーも、あなたを愛してくれるようになるのです。

虐待、精神的虐待、ネグレクトを受けてきた方へ

みなさんのなかには、「とてもじゃないけれど、自分の母親は私を愛しているとは思えない」という人もいるかもしれません。では、あなたの母親はどんな幼少期、どんな人生を送っていたでしょうか。「私は十分に愛されていない」という感覚があり、あなたを子どもとして愛情深く育むことができなかったのかもしれません。

あなたが母親のことを許さずにその恨みを持ち越していくと、母親と同じような面を表現するようになるかもしれません。

あるいは、母親のようには絶対になりたくないと思い、「良い母」「良い人」になるために過度に我慢するようになってしまうかもしれません。そういう人は、自分を犠牲にして自分自身の人生を生きていないので、子どもが家を出たり、結婚したりして巣立つときに、とても執着してしまうことがあります。

では、母親からマイナスの影響を受けずに、あなたが女性として幸せになるには、どうしたらいいのでしょうか。

1つ、方法があります。このように想像してみてください。

もし、母親が幸せに育ったとしたら、彼女のなかに生まれていたであろう「愛の種」、それを、あえて母親のなかに見てみてください。あなたの精一杯を持って、母親のなかに備わっている「愛の種」を見つけて、自分のなかで育ててみてください。

愛あふれた母親に育てられたとしたら、あなたはどんな人生を歩んでいけるでしょうか。母親に対して慈悲深い見方をすることによって、あなた自身の人生は大きく幸せに開けてくるのです。

母親もあなたの愛と理解を得て救われることでしょう。

ストレスを溜めずに幸せな結婚生活を続けるには

結婚生活が長く続くと、夫婦の価値観の違いや考え方の相違により、ストレスを感じる場面がいろいろと出てきます。パートナーシップを築き、自然体で末永く、ともに人生を歩むためにはちょっとしたコツがあります。私たち夫婦の経験も含め、幸せに結婚生活を営む心得をご紹介しましょう。

無理をしすぎない

現代の社会は恐れや欲がもとになった「誇張された男性性」が強い傾向にあり、その影響で、女性たちは無意識のうちにがんばりすぎてしまいがちです。

自分自身の生活や仕事はもちろん、妻としても母としても、日ごろからやりすぎない、無理をしすぎないように意識することが大切です。多少できない分があったとしても自分を責めないことです。

無理をしていると、自分でも気づかないうちにストレスが溜まり、パートナーシップがぎくしゃくしてしまいます。普段から自分自身をいたわり、心と身体を大切にしましょう。その心がけが、自然とパートナーにやさしくすることにもつながります。

ケンカを持ち越さない

夫婦ゲンカは、なるべく翌日に持ち越さないようにしましょう。

パートナーに対する不満の感情を、自身で受け止めます。パートナーとの間に不愉快なことや苦しいことが起こったら、相手に「ちょっと助けてほしいの」とコミュニケートしていくことも有効です。自分や2人だけでの解決が難しい場合は、第三者に助けを求めるという選択肢を持っておくことも大切です。

私も、その日のうちに相手と自分を許し、不快さはなるべく早く解消しています。

たとえば、「もし明日、どちらかが死んでしまったとしたら」と仮定すると、心残りがあるような関わりを持ち続けるという選択は、しなくなるのではないでしょうか。

デートを大切にする

同じ屋根の下でいつも一緒に過ごしているのだから、わざわざデートをする必要はない、時間がもったいない、経済的にも節約しなくてはと考えている人もいます。長い目で見ると、定期的にデートする機会を設けることは、幸せなパートナーシップを育みます。結婚して何年経っても、デートで相手や自分の新たな一面を発見できます。新鮮さを見出すごとにパートナーシップが生まれ変わり、絆が深まります。

パートナーとの関係性は、そのまま人生にも反映されますから、夫婦でデートをして楽しめば楽しむほど、潤いがもたらされるのです。

デートに費やす時間やお金は、何倍もの豊かさとなって返ってきます。

私たち夫婦は共働きなので、年3回のバカンスと月1回のデートの予定をお正月に立てます。お互いの同意がなければ、どんな仕事や誘いが来ても変更はしません。

子どもが小さいうちは難しいですが、ときどきは夫婦を優先にすることが大切です。

私たち夫婦の結婚生活から

私たちは、結婚記念日に2人でお祝いをしながら、「どうする？　今年も結婚を更新する？」という話し合いを、毎年しています。

お互いに再婚同士だったということもあり、結婚という制度に対して自分自身を軽くして納得させるためでもありました。実のところ私には、1度目の結婚で味わった苦しみから立ち直っていない部分があり、結婚に対して少し躊躇《ちゅうちょ》があったのです。

最初は半分冗談だったのですが、思わぬ効果を生み出しました。毎年毎年「もう1年、この人を愛していこう」という自分自身への決意ができるのです。

実際には、1年に1回だけでなく、日々、何回も決め直すことが大切なのですが。

自動的に「もう、この人と結婚したのだからしかたがない」といった惰性や悪い意味でのあきらめのなかにいるのではなく、「今年もパートナーとして生きていく」と考えたり、決めたりすることが、自分のためになりますし、何より楽しいです。

「結婚一年更新制」の恩恵もあってか、結果的に夫はとても私を愛してくれていますし、信頼してくれています。私自身も「いい妻」になろうとするというよりも、ありのままで夫といることができ、「自分ほど夫のことをわかってあげている人はいない」という、彼に対する愛情に自信が持てるようになりました。

夫婦関係がぎくしゃくしたときに「もうすぐ更新ね(ウィンク)」とつついてみたり、「今、別れたい気持ちだわ」とジョークで言ったことが数回ありましたが、頭にきた自分の気持ちをジョークで散らすことで、本来の自分を取り戻していたのでしょう。

夫婦生活というのは深刻になったらやっていけませんから、ジョークやユーモアを効果的に使うことは、幸せなパートナーシップの助けになります。

もし、パートナーとの関係に限界を感じ、別れたいと思い詰めるようになったときには、自分が「何にしがみついているか」を見つめましょう。

結婚する前、私も今の夫との関係に行き詰まりを感じた時期がありました。

そのとき私は、2人の関係における「特別さ」にしがみついていたことに気づき、手放すことにしました。「特別さ」とは、「この人は私だけのもの、私はこの人だけのもの」という、お互いを所有しているような感覚です。

そのころ、夫もすでに心理トレーナーとして活動していましたから、「彼は私だけのものではなくて世界のものだし、手放していこう」という気持ちになったのです。相手への特別さを手放すと、「この人はこうするべきだ」とか「自分たち夫婦はこうじゃなきゃいけない」とかいう、期待やこだわりがあったことにも気づきました。

それからほどなくして、私たちの共通の友人が夫にビジョン心理学を教えてくれました。しがみつきを手放したら、転機が訪れたのです。

夫がセミナーを受けたことで次々とミラクルが起き、私たちは新たなレベルでパートナーシップを築いていくことになりました。

「うまくいく方法を一緒に探していこう、すでに存在しているどんな辞書にも書かれていない、ほかの人のやり方を真似するわけでもない、自分たちの愛によって、自分たちの意思によって何でも乗り越えていこう」と決意することで、道が開けてきます。

自分たちの選択、行動に、責任をとるとしっかりと決めるのです。

たとえ、その結果、離婚することになったとしても、思い悩んでいたときとは違い、お互いに晴れやかな気持ちで新しい人生を踏み出していけるでしょう。

愛される勇気を持ち、真実を求めよう

あなたは、自分自身のすべてをわかっているわけではありません。また、男性のこともわかっているわけではありません。

それと同じように、あなたの真実のパートナーとなる男性も、自分自身のこともあなたのことも、すべてをわかっているわけではありません。

ですから、過去の何度かの失敗の経験と、自分の判断や思い込みで、あなたの人生の真実の扉を閉じないでほしいのです。

今、あなたに一番必要なのは、もう一度ハートを全面的に開くことです。自分の心をかたくなに閉じることなく、「自分自身のすべてを真実のパートナーに与える」と決意することです。

「ハートを開くのが怖い」と感じる人もいるでしょう。過去と同じように、あるいは

それ以上に傷ついてしまうのが、怖いのかもしれません。

ハートを開き、パートナーに自分自身を全面的に与えるということは、肉体も心も、時間もエネルギーも、すべてを注ぎ込むことです。そうすると、自分自身が犠牲になるような気がして、恐れを感じてしまうかもしれません。しかし、それは大きな勘違いなのです。

ハートを全面的に開くということは、全面的に愛されるということです。あなたが本当に恐れているのは、傷つくことではなく、愛されることなのです。

女性の幸せは、ハートを全面的に開いて愛されるところにあります。あなたが一番、恐れているところに、あなたの幸せがあるのです。

愛されているとき、人は無防備です。それは、自分の弱点も、ダメな部分も、みにくいと思っている部分も、さらけ出すということです。さらに、自分のすばらしいところも、美しいところも、見出されるということです。そんな自分自身と出会うことが、怖いかもしれません。

でも、一度出会ってしまえば、そんな自分から離れることはできなくなるでしょう。どんな自分でも、愛してもらおうという意欲。

そんな自分のままで、受け入れてもらおうという意欲。

そんな自分でも、愛されるかもしれないという可能性に賭ける意欲。

愛される勇気を持ち、愛することに賭ける自分を信頼すること。すると道は開かれ、本当の新しい世界が見えてくるのです。そこにあなたの真実のパートナーが立っています。それが「真実を求める」ということなのです。

あなたの真実の幸せと真実のパートナーに出会うことを、決意しましょう。相手に出会っていてもいなくても、決めることはできます。何回も同じ決断をしていくと、それが自分の自然な方向性になります。毎日毎日、毎瞬毎瞬の選択です。

たとえば、子どもに植物を育てるということを教えるとき、「毎日、水をやりましょう」と伝えます。決意は一回すればすむのではなく、いつも継続的に大切にしていくということですから、それは育てるものであって、一朝一夕になされることではありません。

「私は、私がいるべき本当の場所にいたい」という意欲と勇気が、あなたを真実に連れて行ってくれます。「私は、私の本当の居場所を見つけられる」と信じることによって、あなたの前に真実が現れるのです。

女性は、世界の花

人間は、成長したい生きものです。

そのなかでも「パートナーシップ」というのは、自分が成長すればするだけ、ごほうびといいますか、おいしさといいますか、人生の醍醐味を深く味わうことができます。「成長」といっても、いい人になるとか、完璧な人になるとか、無邪気さがなくなっていくとかいうことではありません。

ありのままの自分でいて、楽しめる人にもなり、感謝できる人にもなり、創造的な自由な人にもなる。変幻自在な自分を、楽しめるようになることかもしれません。

パートナーと長く関わっていくと、問題や課題が出てきます。それらと向き合っているうちに、相手が親でも、子どもでも、友だちでも、「結局は、自分は人との関わりにおいて、同じ課題に直面せざるをえないんだ」ということがわかってきます。

新しい関係でゼロからやり直すよりも、長年一緒にいる親しいパートナーと体験していったほうが、より成長でき、より人生の醍醐味を味わえるかもしれないということにも気づくでしょう。

パートナーシップを通して自分を100パーセント受け入れ、相手を100パーセント受け入れる。相手も自分も何も直すところがない、聖なる存在としてお互いをみるとき、2人は限りなく人間として最善の関係に近づいていています。

それは、相手のなかに「神」をみるという体験でもあります。ここで「神」というとき、特定の宗教で呼ぶ「神」を指しているのではありません。創造主、完全なる愛そのものの存在を示しています。

パートナーとは長い時間を過ごしているからそういう関係に到達するわけですが、本来は、誰とでもその関係を活用、適用することができます。その人に自分が知り抜かれて愛されるという体験は、すべての人や、自分自身との関係においても可能だということを見せてくれます。それこそがパートナーシップの恩恵なのです。

この奇跡を体験する鍵は、女性が女性性を開くことにあります。

女性は花のような存在です。花を見てみると、薔薇《ばら》は薔薇として懸命に咲き、すずらんはすずらんとして咲き、他のものになろうとはしません。あなたが花として、自分らしく輝いて生きれば生きるほど、あなたの近くにいる女性たちも、ありのままの自分を認めて生きられるようになっていきます。

さらに、近くにいる男性たちの真の良さを見つけ育んでいくと、彼らは強くやさしいヒーローに育っていきます。

女性が女性性を認識し、成熟させることとは、自分自身の気持ちに気づき、それを適切な形で相手に伝えていく力になるということです。

そして、男性自身が、自分でも気づいていない気持ちをくみ取り、それを言葉にしてあげることでもあるのです。そのようなレベルで男性を理解し、助けることのできる女性を、男性が大切に思わない理由はどこにもありません。

花である女性のあなたとヒーローである男性が、人生のダンスを踊っているような、クリエイティブで楽しい関わりあいを持てたとき、あなたは幸せが自分の手のなかにあることに気づき、女性として生まれてきたことに歓喜することでしょう。

あとがき

「女性として生まれた幸せ」を思いきり味わおう

女性の幸福感の80パーセント以上は、パートナーを心から愛し、またパートナーに全面的に愛されていると確信していることだと、私は思います。

「結婚一年更新制」などと冗談で言っていますが、1人の男性を愛し抜く、知り抜いていくその喜び。ずっとずっと長くその関係を続けているけれど、相手を愛しく思い、一緒にいて安らぎを感じ、まだまだ相手に素敵なところ、尊敬すべきところを発見できる。それは、私が女性に生まれてきたからこその体験。とても感謝しています。

本書を手に取ったあなたが、「女性のリーダーとして生まれてきた」ことを受け入れ、ハートを開いて人に関わっていく。そのために「自分が女性として生まれてきた価値を認める」ことで、たくさんの女性を力づけることができると思います。

この時代は女性にたくさんチャンスがあります。女性に協力してくれる男性もどんどん増えています。特に日本は、男性を、女性に協力的な人に育んでいくことが十分可能な、恩恵に満ちた国です。そういうところに生まれたこともありがたいことです。

そうはいっても日本の女性は、まだまだ引きこもっています。

女性が女性としてありのままで輝いていく、男性の真似をするのではなくて、女性のままで自分を表現する。自分がそうなることによって、ほかの人がそうなることを助けていく。そんなビジョンに貢献するのは、非常にやりがいのある人生なのではないかなと、そんなふうに思っています。

女性に生まれて、本当によかった。お母さん、ありがとう。
おばあちゃん、ありがとう。

すべての女性が幸せでありますように。

栗原弘美

長年にわたり、愛と導きをくださっているビジョン心理学創始者のチャック・レンシー・スペザーノ夫妻に、深く感謝いたします。

著者紹介

栗原 弘美（くりはら　ひろみ）

株式会社ビジョンダイナミックス研究所代表。NPO こころのビタミン研究所代表理事。ビジョン心理学マスタートレーナー。カウンセラー、トレーナーとして、深い洞察力を持って問題を解決に導く。心理学とスピリチュアリティを統合した、ビジョン心理学をわかりやすく教えることには定評があり、愛にあふれた親密な人間関係の秘訣を、自らの実体験をもとにわかち合う。長年の経験に基づく具体的なカウンセリングやセミナーは、問題解決に至るまでの時間が短いと評判で、日本各地で講演やセミナーを精力的に行うほか、アジアを中心に海外でも活躍。著書に、『新版 こころのビタミン』（ヴォイス）、『夫を「理想のパートナー」に変える７つの講座』（現代書林）、『手放せば転機が訪れる』（パブラボ）。また翻訳書に、『30 日間で、どんな問題も解決する法』、『なにが起こっても、「絶対幸せ」でいる法』（いずれもヴォイス）。

問い合わせ先

URL https://www.vdi.co.jp/

TEL 0120-376-228

協　　力 ● 鷹野えみ子（ビジョンダイナミックス研究所）
新井桜奈
デザイン ● 石井香里

【恋愛】【結婚】【夫婦関係】【仕事と子育て】
が意識を変えると劇的に変わる！

女子の最強幸福論

2018年4月10日　初版第1刷発行

著　者　　栗原弘美
発行者　　東口敏郎
発行所　　株式会社 BAB ジャパン
〒151-0073 東京都渋谷区笹塚 1-30-11　4・5F
TEL　03-3469-0135　　FAX　03-3469-0162
URL　http://www.bab.co.jp/
E-mail　shop@bab.co.jp
郵便振替　00140-7-116767
印刷・製本　中央精版印刷株式会社

ISBN978-4-8142-0121-1 C2077

BOOK Collection

「心」「体」「魂」を深く癒す」

よくわかるポラリティセラピー

ポラリティセラピーは、体の磁場の極性（プラスの気とマイナスの気）を利用して生体バランスを整えるアメリカ発のホリスティック療法。内容：ドクター・ストーンの生涯と理念／ポラリティ実践で心がけたい5つの要素「空・風・火・水・地」の特徴について／ 5 つのエレメントと人間関係／他

●鈴木涼子 著　●四六判　●180頁　●本体1,500円+税

ポラリティから学ぶ 「心のスキルアップ」

コミュニケーションで幸せになるレッスン

確かに伝わる。理解し合える、共有し会える! 「人間はエネルギーの複合体である」と考えるポラリティでは、「コミュニケーションもまたエネルギーが作り出している事象である」と考えます。コミュニケーションでは、感情エネルギーや思考エネルギーが互いに伝わっているのです。

●鈴木涼子 著　●四六判　●248頁　●本体1,600円+税

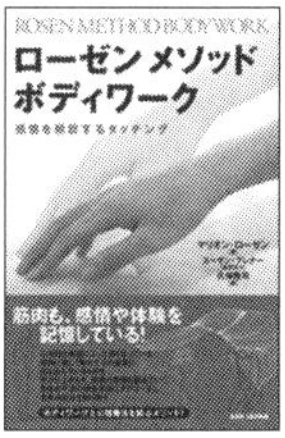

ローゼンメソッド・ボディワーク

感情を解放するタッチング

優しく、愛に満ちた「ローゼン・タッチ」 ボディワークと心理療法を結ぶメソッドとして注目されるローゼン・タッチはマリオン・ローゼン（1914 ～2012）が、長年にわたる理学療法士としての経験をふまえて作り上げた、米国の代表的なボディワーク。人に優しく触れるという最古のコミュニケーション手段で、身体と心の奥底につながります。

● M· ローゼン 著／ S· ブレナー 執筆協力／久保隆司 訳　●四六判　●232頁
●本体1,500円+税

筋肉反射テストが誰でもできる

1《イチ》からわかる！ キネシオロジー

「心の声を体に聞いて健康で幸せになる」 腕を押して筋肉反射をテスト。健康状態や、意識の奥深くにある不調の原因を探って、心身ともに健康な状態に導く・・・。世界 105 カ国以上に広がる代替療法をわかりやすく解説。

●齋藤慶太 著　●A5判　●192頁　●本体1,500円+税

こんなにも人生を変える!

キネシオロジーの基礎知識とセラピーの事例をマンガで紹介!!

キネシオロジー入門

「心の声を体に聞いてトラウマ解消!」 カウンセリングと筋肉反射をテストで潜在意識に潜む根本原因を探る。本書ではキネシオロジーの基礎とセラピーの事例をマンガで紹介。お医者さんもお薦めのセラピー・メソッドです。

●齋藤慶太 著　●A5判　●220頁　●本体1,500円+税